슬픔은 날개로부터

슬픔은 날개로부터

서 춘 성 시집

날개를 가진 것들의 슬픔은
　　　살아가는 것들의 슬픔이기에

도서출판 천우

● 시인의 말

나만의 작은 숲 하나 가지고 싶다
세상과 떨어져 나 홀로 묵상하고자 할 때
누구에게도 하지 못한
심중에 남은 말 모두 풀어내고
흙으로 덮어버릴 수 있는
그런 작은 숲 하나 가지고 싶다

나만의 작은 숲 하나 가지고 싶다
찾아오는 새들과 불어오는 바람과
흘러가는 구름을 보면서
다 벗어 던지고 진실로 한순간이라도
태어날 때와 같은 순수하고 깨끗한 알몸으로
나를 버릴 수 있는
그런 작은 숲 하나 갖고 싶다

나를 벗어두고 돌아가지 못한다면
그곳에 서서 한 그루 나무이고 싶다
그런 숲 하나 갖고 싶다

—「나만의 작은 숲」전문

덮어 버렸던 말들을 같이 아파하는 사람들과
나누고 싶어 이 책을 낸다

이춘성

● 시인의 말

제1부

낙엽이 가는 길 _ 13

나만의 작은 숲 _ 14

낙화 _ 15

우리는 매일 새날과 만난다 _ 16

건천폭포(乾川瀑布) _ 17

우리는 매일 이별을 한다 _ 18

봄을 기다리는 그대에게 _ 19

불꽃을 찾아가는 하루의 긴 여정 _ 20

세상에서 가장 먼 곳 _ 22

세상에 끊어진 길은 없다 _ 23

길은 걷는 자의 것 _ 24

흔적 없는 그곳에 _ 25

바람꽃 _ 26

길은 어긋나면서 생겨난다 _ 27

고독한 죽음 _ 28

사라지는 것들은 모두 아름답다 _ 30

하늘은 빈손들의 길이다 _ 31

조간대 사람들 _ 32

빙벽(氷壁) _ 34

염전의 노래 _ 35

분재된 소나무 _ 36

난파선 _ 37

도시 난파선 _ 38

낙타의 방울 소리 _ 39

보이지 않는 소리를 찾아서 _ 40

제2부

내게 있는 먼 그대 _ 43

이별은 아무리 짧아도 슬프다 _ 44

빈 항아리 하나 가슴에 묻어야 _ 45

해바라기 _ 46

길을 나서면 _ 47

돌에 핀 매화 _ 48

달빛 소리 _ 49

묵정밭에 불고 간 바람 _ 50

보이는 것만 길이 아니다 _ 51

사랑이란 _ 52

소리 하나 _ 53

애련(哀戀)의 언덕 _ 54

소나무 같은 사람 _ 55

부부 _ 56

들꽃 _ 57

봄날은 간다 _ 58

제3부

끝나지 않은 이별 __ 61
그래도 꽃은 피어난다 __ 62
동백꽃 지고 있다 __ 63
5월을 말하지 마라 __ 64
그날의 기억 __ 66
무명천 할머니 __ 68
아스팔트 위에 달이 떴다 __ 70
철조망 안에도 꽃은 핀다 __ 71
하나의 흔적을 찾아서 __ 72
촛불을 밝혀다오 __ 73
침묵의 소리 __ 74
江은 흐른다 __ 75
바람의 흔적 __ 76

제4부

슬픔은 날개로부터 __ 79
연(鳶) __ 80
날개 없는 새 1 __ 81
날개 없는 새 2 __ 82
하늘로 날아간 강아지(犬) __ 83
새는 죽었다 __ 84

날아간 새는 다시 오지 않는다 __ 85
유리 벽 __ 86
향기로운 길 __ 88
질주의 궤적 __ 89
약속도 없이 __ 90
순천만 갈대 __ 91
파도새 __ 92
폭풍 속에 집을 짓는 새 __ 93
허들링(Huddling) __ 94
산사의 풍경(風磬)도 조용한데 __ 96

제5부

무명 집 __ 99
모데미풀 __ 100
母情의 헛꽃 __ 101
모닥불 __ 102
막걸리 __ 104
타인들 관계 __ 105
무풍지대에는 꽃이 피지 않는다 __ 106
마당 __ 107
뜨거운 상처 __ 108
담쟁이의 깊이 내린 뿌리 __ 109
기억 넘어 안개의 시간 __ 110
종점 __ 112

실종된 현실 __ 114
뿌리의 길 __ 115
풍경 __ 116
달빛이 전하는 말 __ 117
최후의 만찬 __ 118
상실의 모습 __ 120
30×30의 철제 캐비닛 __ 121
영구 임대 아파트의 아침 __ 122
누가 그들의 하늘을 빼앗았는가 __ 123
장마 __ 124
카나리아 노래 __ 125
찌그러진 분유통 __ 126
풀잎 __ 127

● **해설** 그래도 펄럭이는 이카루스의 날개 / 김우종 __ 129

제1부

낙엽이 가는 길

이제 가야 한다
푸르던 시절 함께했던
파란 하늘 아름다운 새소리
가지에 걸어 두고
숲속의 향기만 가지고 가려 한다

나는 가야 한다
허공 길 걸어
마지막
한 줄기 바람과 노닐다가

뿌리에서 태어나 한 번도 만난 적 없는
나의 나에게
어둠 속 멀리 있는 뿌리에 가려 한다

오면 가야 하는
누구나 가야 하는 낙엽의 길을
서산에 지는 석양처럼
살아온 길 부끄러워 붉은 얼굴로 나는 진다
떨어진다

나만의 작은 숲

나만의 작은 숲 하나 가지고 싶다
세상과 떨어져 나 홀로 묵상하고자 할 때
누구에게도 하지 못한
심중에 남은 말 모두 풀어내고
흙으로 덮어버릴 수 있는
그런 작은 숲 하나 가지고 싶다

나만의 작은 숲 하나 가지고 싶다
찾아오는 새들과 불어오는 바람과
흘러가는 구름을 보면서
다 벗어 던지고 진실로 한순간이라도
태어날 때와 같은 순수하고 깨끗한 알몸으로
나를 버릴 수 있는
그런 작은 숲 하나 갖고 싶다

나를 벗어두고 돌아가지 못한다면
그곳에 서서 한 그루 나무이고 싶다
그런 숲 하나 갖고 싶다

낙화

이제는 가야 한다
향기도 두고
아름답던 그 시절 결별하고
이제는 가야 한다

입맞춤했던 인연들 허공에 두고
먼 길 떠나야 한다

피어나던 아픔과 피었던 아름다움
망각의 강에 모두 띄우고
이제는 돌아가야 한다

피어난 자리마다 이는 바람
이별의 인사도 없이
지는 꽃잎 따라 떨어지는 눈물

찾아왔던 길손 돌아가는 그 길
석양의 낙조처럼
지금도 꽃잎 지고 있다

우리는 매일 새날과 만난다

우리는 매일 새날과 만난다
노크도 없이 찾아온 새날과
인사도 없이 마주 앉아
한잔의 모닝커피를 마시면서
언제나 그랬던 것처럼 하루를 시작한다

우리는 매일 새날을 만난다
매일 하루를 이별하듯이
언제나 준비도 없이
아직 지워지지 않은 어제의 발자국 위에서
이미 찾아온 새날을 만난다

만남과 이별 사이 탄생과 죽음이 오가고
만남과 이별 사이 꽃은 피고 지고
만남과 이별은 씨앗 속에 든 꽃잎과 낙화 같은 것
만남과 이별은 가슴과 등 같은 것

우리는 매일 이별을 한다
우리는 매일 새날을 만난다

이별과 만남 사이에 있는 나

건천폭포(乾川瀑布)

무지갯빛 아롱진 폭포수가
아니어도 좋다
비룡이 승천하는 힘찬 폭포수가
아니어도 좋다

망설임 없이 뛰어내렸던 푸른 기억은
목마른 벼랑에 새겨져 있는데
이글이글 타고 있는 무심한 태양은
기다려라 한다
추억을 잊어라 한다

하늘의 저주를 받아
천둥이 울고 번개가 치고 비가 내린다면
오랜 가뭄으로 타고 있는 온몸으로
그 저주를 받으리

뛰어내리게만 해다오
울어서 폭포수가 된다면
천년을 울어서라도
힘차게 뛰어내려 부서지고 으깨져서
한 몸으로 다시 흐를 수만 있다면

우리는 매일 이별을 한다

우리는 매일 이별을 한다
조금씩 허물어지는 퇴락한 장마철 토담처럼
매일 시간의 허물을 벗고 하루와 이별을 한다

기쁨도 잠시 있다 떠나고
슬픔도 눈물 속에 아물어지면서
아침에 핀 나팔꽃이 저녁이면 꽃잎을 접듯이
우리는 머물지 않는 순간순간과 이별을 한다

보내지 않은 듯이
나는 매일 나와 이별을 한다
나에게서 나를 떠나는 우리는
옷을 벗듯이 자신과 이별을 한다
잘 가라는 이별의 말도 없이

바람 부는 날 흩날리는 낙엽처럼
이별 앓이를 하면서
조금씩 허물어지면서
조금씩 사라진다

봄을 기다리는 그대에게

봄은 어디쯤 오고 있는가
추운 겨울 시린 손을 불며 기다리는 봄은
어디쯤 오고 있을까
우리는 항상 봄을 기다리며 살아가고 있습니다

추운 겨울 눈 쌓인 땅속에도
앞을 못 볼 정도의 폭풍우 속에도
봄은, 봄의 씨앗은 그곳에 있었습니다
땅이 꺼지라 내쉬는 한숨 속에도
임종을 앞둔 환자의 가슴 속에도
봄의 씨앗은 파랗게 살아있었습니다

봄은 피워 내는 것
봄은 가꾼 대로 자라는 나무 같은 것

봄을 기다리는 그대여!
쿵쿵 소리를 내며 뛰고 있는 심장의 소리를
봄의 소리를 들어 보세요
봄은 이미 그대 앞에 와있습니다
하얀 면사포를 쓰고

봄은 멀리 있지 않습니다
그대가 봄입니다

불꽃을 찾아가는 하루의 긴 여정
— 하루살이의 긴 생애

물에서 태어나 불을 찾아가는 뜨거운 여정

우화를 위한 아픈 허물을 벗고
젖은 날개가 채 마르기 전 퇴화한 입으로
물밖에 적실 수 없는 메마른 하루
어지러운 비상 속에 불을 찾아간다

종족 번식을 위한 본능 외엔 가진 것 없어
흔적 없이 사라지지만
시간의 노예를 거부한 너의 애잔한 날갯짓은
피 묻은 하루의 긴 생을 만들어 내고

사랑을 찾아 떠나는 생명의 춤은 뜨겁고
유혹하는 불의 노래에 취해 절망의 죽음 앞에
허락된 하루의 시간을 애잔한 날개로
들이받아야 하는 눈먼 날개의 운명이여!

그러나 날아야 한다
날개가 있는 한 춤을 춰야 한다
멸종한 공룡보다 더 오래된 생명의 비밀을 간직한
너의 치열한 사랑의 춤을

살아온 하루가 기적이듯
살아갈 또 하루 역시 기적이 아니더냐*

천일을 준비한 하루
물속에서 태어나 불 속에서 생을 태우는
너의 일생은 천일보다 더 긴 하루이므로

*고 장영희 교수의 『살아온 기적 살아갈 기적』에서 따옴.

세상에서 가장 먼 곳

세상에서 가장 먼 거리를
지니고 사는 우리들
일생 동안 걸어서
한 번도 가보지 못한 그곳을
우리는 짊어지고 살아가고 있다

한 번도 가보지 못한 그곳
외로운 늑대가 사는 곳
우리는 원초적으로 외로운 존재이기에
그래서 자신의 가장 먼 곳 외로운 등을
감싸고 안아줄 타인을 찾아 나선다

거리엔 언제나 외로운 늑대들이 떠돈다
낯선 등과 등은
돌처럼 단단한 타인들의 성벽(城壁)
그곳은 꽃을 모두 베어버린 단절의 땅이기에
우리의 외로움은 야음을 타고 성문을 열어
적의 자객이라도 불러들인다

거리에 등불도 꺼진 늦은 밤
달빛에 홀로 걸어가는 외로운 늑대는
성벽에 버려진 꽃들을 물고
나의 먼 곳에 등불을 밝혀줄
그런 사람을 찾아가는 중이다

세상에 끊어진 길은 없다

세상에 끊어진 길은 없다
잠시 슬픔 때문에 길이 보이지 않을 뿐
길은 언제나 당신 앞에 오라고 손짓한다

길이 보이지 않는다고 울고 있는 그대여
울음을 잠시 멈추고
그대 가슴을 안아 보아라
뜨겁게 뛰고 있는
길의 소리가 들릴 것이니

우리는 언제나 길 위에 서 있다
모래바람이 불어 길이 사라진 사막에도
항해 중 폭풍을 만난 난파선도
뜨거운 심장이 멈추지 않는 한
길은 항상 바로 앞에 있다

세상에 끊어진 길은 없다
길은 항상 그대 앞에 있다

길은 걷는 자의 것

우리는 오늘도 걷는다
우리는 매일 가보지 않은 새로운 길을 걷고 있다
우리는 항상 언제나처럼
많은 사람들이 걷고 있는 대열 한켠에서
혹은 홀로 산길을 걸어간다

지나온 길목마다 나이테처럼 생의 더께가 쌓이고
우리가 걸어온 돌아갈 수 없는 길은
강물처럼 바다를 향해 쉬지 않고 흘러간다

길가에 주저앉아 실의에 빠져 울고 있는 그대여
일어나 서서 길을 떠나라
길은 기다려주지 않고 흘러만 간다

길은 걷는 자의 것
살아있는 것이 길이다
그대가 걸어가는 곳이 길이 된다
길은 언제나 오늘을 걷는 자의 것이다

그대가 길이다

흔적 없는 그곳에

흔적 없는 그곳에
또 하루해가 지고 있다
하루의 시름 얼룩진 붉은 낙조가
지고 지고 했던 곳

땅거미가 찾아오면 새들도 둥지를
찾아가는 시간
서산에 지나간 수많은 사연들은
흔적이 없지만 서쪽 하늘 바라보는 이의
눈물 속에 고여 있는 이야기들

서산은 말이 없고
떠난 사람이 두고 간 서러운
말들이 떠도는 곳
해가 지고 있다 오늘도

내일을 향해 지고 있는 석양
사람은 가고 없는데
오늘도 지고 있다

바람꽃

바람이 불어오는 곳
봄이 멀게만 느껴지는 추운 계절
아직 떠나지 못한 잔설 옆에
봄을 피우는 바람꽃

태어날 때부터 버려야 얻는 숙명
꽃받침을 버려야 최대한 꽃을 빨리 피울 수 있기에
더 많은 것을 소유하려는 욕심 버리고
오직 열매를 맺고자 하는 열망으로
맨발로 시린 맨발로 꽃을 피운다

작고 낮은 키로 응달진 곳에서
키 큰 나무들이 잎을 내어 그림자 드리우기 전에
가슴에 씨앗 안고 산고의 아픔 잊은 채
서둘러 꽃을 피운다

바람이 불어도 언제나 하얗게 웃는
내 어미 닮은 꽃

길은 어긋나면서 생겨난다

길은 어긋나면서 생겨난다
둥지를 떠나지 못한 새는 하늘을 날지 못하듯이
길에서 벗어나야 길이 보인다

보이는 것만 길이 아니다
도도히 흐르는 바닷속에도
실핏줄처럼 흐르는 갯고랑의 갯길이 있고

바람이 흐르는 그 어느 곳이든지
소리쳐 메아리가 있는 곳이라면
그 어느 곳에도 길은 있는 것이다

열십자 교차로에 서 있는 그대여
길은 심장이 뛰는 곳에 있나니
망설이지 마라 그대 가는 곳이 길이다

고독한 죽음

연줄 끊어진 가오리연 꼬리가 전깃줄에
만장처럼 흔들리고 있다

햇빛도 안 가는 반지하 한 평 반 단칸방
퇴화한 꼬리뼈처럼
인적 없는 방 문고리가 없다
켜켜이 쌓인 시간의 먼지가
문고리를 삼켰다

죽어도 죽지 못한
시린 손 잡아줄 사람 없어 길눈 먼 당신
갈 길 못 가고
멈춰 버린 시간을 안고 서러운 눈물 자국으로
하얗게 백골로 누워있다

몸서리친 고독을 도려내려 할퀸 벽은 절벽으로 서 있고
세상 벽을 향해 절규했던 사막 같은 곳에
유서 대신 반영(反映)으로 나뒹구는 빈 소주병
벽에 걸린 곰팡이 핀 옷가지만 이웃한 곳

무관심과 단절 절망의 절벽
고독한 죽음 앞에 조상하는 이 없는
그의 한 평 반
단칸방은 너무나
먼
외딴
섬이었다

사라지는 것들은 모두 아름답다

사라지는 것들은 모두 아름답다
자취도 없이 흔적도 없이 떠나는
풀잎에 맺힌 아침 이슬
영롱히 빛나던 모습보다
흔적 없이 떠난 빈자리가 더 아름답다

떠나는 것들은 모두 아름답다
떠날 때를 미리 알고 말없이 떠나는
그 사람의 뒷모습은
석양의 낙조보다 더 아름답다

알곡이 가득한 들녘보다
모두 주고 떠난 빈 들녘의
아름다운 여백들
가진 것 모두 주고 떠나는
빈손의 아름다움
사라지는 것들은 모두 아름답다

하늘은 빈손들의 길이다

가벼워진 것들은 모두 새가 된다
앉았던 잔가지마저 놓아 버리고
날아가는 한 마리 새처럼
가벼워진 것은 모두 새가 된다

바람에 날리는 잎새
미련 없이 지는 꽃잎들

버려진 폐지 주워 모은 돈
가난한 이웃 위해 내놓은
폐지 줍는 할머니
민들레 홀씨 되어 앉은 채로
새가 되었다

다 버리고 가벼워진 것들
구만리 하늘을 얻었다

하늘은 빈손들의 길이다

조간대 사람들

밀물 때에는 수중에 잠기다가
썰물 때가 되면 수면 밖으로
숨찬 모습을 드러내는 척박한 땅 조간대에는
가뭄과 홍수가 혼재하는 따개비가 산다

이글거리는 태양 아래 물의 얼굴을
기억하는 그는 썰물이 되면
하얀 소금을 뒤집어쓴 사막이 되어
오아시스를 찾아가는 낙타를 꿈꾸며
멀리 밀려간 밀물을 기다린다

오렌지색 물로 가득한 포장마차 촌
고단한 하루에 지친 사람들이 삼삼오오 모여
닭똥집 한 접시에 소주를 마시며
그렇게 바다처럼 푸른 밤이 깊어가는 중

날 벼락같은 호루라기 소리가 포장마차 촌을 덮쳤다
포장마차 단속반이다

포장마차 주인들은 순식간에
밀물 속에 먹이를 잡던 따개비가
썰물이 되면 후다닥 발을 걷어 들이듯
포장마차를 정리하여 썰물처럼 사라지고

포장마차가 빠져나간 텅 빈 도로 위에
잠시 후 다시 온다는 그들의 말을 믿고
갯바위처럼 망연히 서 있는 술꾼들

그리고 그들이 두고 간 낙타 한 마리

빙벽(氷壁)

너무나 확실한 삶과 죽음의 거리(距離)
뿌리를 거부하는 투명한 수직빙벽 30층 건물 유리창에
사내는 흔들리는 외줄을 탄다
죽음이 유예된 밧줄은 그의 작업 터
흔들리면서 아래로 조금씩 생명을 키우면서
정지된 시간의 흔적을 닦는다

고여 있던 시간은 밀대를 따라 검은 눈물로 흘러내리고
바람 한 점 통하지 않는 투명한 빙벽
빙벽 안쪽엔 즐거운 남녀는 춤을 추고 있다

빙벽에 반사되는 뜨거운 태양은 빛나고
파란 하늘 아래 사내는 새가 된다 빈 하늘을 나는
흘러내리는 땀방울이 사내의 양 죽지에 젖어 올 때
묶인 줄의 한계를 넘지 못한 사냥 매의 날갯소리에
사내는 빙벽에 비친 자신의 초라한 모습을 바라본다

스스로 갇힌 허공중의 흔들리는 감옥
조금씩 생명을 키워가는 사내의 등 뒤
곡선의 날개로 비상하는 새 한 마리
그리고 수직으로 추락하는 사내의 신발 한 짝
곡선과 직선의 차가운 비밀은 허공에서
뿌리 없는 밧줄에 흔들리고 있다

염전의 노래

억류된 바다 한 조각
파도를 잃고 누워있다
출렁거렸던 푸른 기억은
몸이 뒤집히고 바람과 몸을 섞으면서
파도의 껍질을 벗고 있다

이제 몸을 주어야 할 때
이글거리는 태양은 남은 물의 껍질을
벗기고 말리면서
마지막 모습으로 가자고 한다

하늘을 안고 있던 바다 한 조각
떠 있던 구름 날던 새들의 모습 모두 놓아 주고
쪼개지고 부서지면서
출렁거렸던 파도는 가고 바다 알갱이만 남아
비로소 고통이 영글은 하얀 꽃
순백의 결정체를 남기고
바다는 사라졌다

분재된 소나무

총성도 없이 나뭇가지를 감아올리면서
철사는 권력을 만든다

나무 수형을 잡기 위한 순치기를 하고
철사 걸이를 하면서 철사는
모양을 죽이고 모양을 만든다

분(盆)이란 전족(纏足)에 이주당해
구부리고 휘어 지면서
철사의 권력에 길들어진 나무는
벗어날 수 없는 시각의 형틀에
감금당했다

돌아갈 수 없는 길 잃어버린 고향길
벗어나도 다시 돌아가지 못하는
불구의 몸으로 옷 아닌 감옥을 입고
감옥이 된 나무는

잘리고 휘어지는 아픈 흔적을 몸에 새기며
고향을 잊지 않은 뿌리는
살 수 있다면 살아만 있다면
달빛도 없는 야음을 타고
서러운 불구의 귀향을 꿈꾼다

난파선

바다는 항상 수평선만 보여 주었다
다가가면 그만큼 멀어져 있는 수평선

또 폭풍우가 몰려오고 있다
온통 먹구름으로 하늘을 뒤덮고
사나운 짐승처럼 일어서는 파도 속에
수평선은 조난신호를 삼키고 사라졌다

끝도 시작도 없는 바다 한가운데
수평선만 그 자리 출렁거리고 있다

이글거리는 태양
멀리 수평선 넘어
온다! 오고 있다! 구조선이 오고 있다
미친놈처럼 손을 흔들었지만
허망하게 파도 속으로 사라진 구조선
허기와 갈증은 환영을 붙들고

짙은 안개 속

바다는 말한다
수평선은 건너는 것이 아니라
허상일 뿐이라고

파도의 끝은 해안이라고

도시 난파선

또 바람이 분다
파도에 밀려 변두리로 변두리로
밀려왔는데 날이 흐리고 바람이 불어
집채 같은 파도가 또 밀려오고 있다

폭풍우가 지나가고 이글거리는
태양은 뜨거운 사막이다
띠약볕을 가려줄 큰 나무 한 그루 없는 곳
어디를 보아도 물 천지다
어디를 보아도 물이다
하지만 난파선엔 한 모금 마실 물이 없다

수평선 넘어 아스라이 보이는 작은 섬
그곳을 향해 사력을 다해 찾았지만
신기루처럼 사라진 섬
목이 마르다 목이 탄다
어디로 가야 하나

이삿짐을 실은 용달차가 가파른
언덕길을 탈탈거리며 올라가고 있다

낙타의 방울 소리

우물 속에는 찰랑거리던 하늘이 없다
목마른 바람 불어와 맴돌다 가고
두레박에 박힌 넘실거리던 푸른 추억은 하얗게 말라 있다

우물가 떠난 자의 하얀 신발 한 짝 백골로 누워 있고
우물 안 바위틈 푸른 청태는
찰랑거리던 소리를 찾아 발을 내리고
짤랑거리는 낙타의 방울 소리 우물 속에 가득하다

보이지 않는 소리를 찾아서

살아있다는
있다는 존재의 소리가 들린다
정상에서 굴러떨어지는 바위 소리

시시포스의 등가죽에 살고 있는
우로보로스의 우는 소리

꽃을 피워 올리는 꽃대는
낙화를 알지 못하기 때문에
가장 어두운 먼 등가죽으로 지금도
바위를 밀어 올리는 우리들

제2부

내게 있는 먼 그대

살아온 지난 갈피마다
물망초 꽃으로 피어있는
한사람 내게 있습니다

세월의 흐름 속에 흐르지 않은
언제나 내 가슴 속에 달무리 져
지워도 지워도 지워지지 않은
한 사람 내게 있습니다

잠 못 드는 밤 새벽이 올 때까지
보내지 못한 그 사람
오늘도 못 잊어 가슴 아픈
내게 있는 먼 그대
그 사람 내게 있습니다

이별은 아무리 짧아도 슬프다

꽃비가 내리던 날
차창 밖으로 손 흔들며
다시 만날 날을 약속했지만
이별은 아무리 짧아도 슬픈 것입니다

그대여
이별은 헤어짐의 거리만큼
슬픔이 아니고
아직 오지 않은 그대를 그리워하는
달맞이꽃의 기다림이 슬픔입니다

내년에 다시 피는 꽃이라도 해도
꽃 짐이 서러운 것은
내 눈앞에 바로 보이지 아니하여
잊힐까 슬픈 것입니다

그대와 헤어진 해 질 녘 와온 바닷가에서
그대를 보내고 울어버린 붉은 눈시울처럼
붉게 타고 있는 낙조를 봅니다

이별은 아무리 짧아도 슬픈 일이기에
멀리 있는 그대를 그리워합니다

빈 항아리 하나 가슴에 묻어야

당신과 헤어진 간이 역사 앞에
여느 가을과 같이 들국화가 만개했습니다
그때 보았던 그 꽃은 아니겠지만
시간이 흐른 지금
당신을 만난 듯 반갑습니다

수없이 오갔을 기차를 봅니다
가을은 또다시 오듯이
이별은 만남의 시작이라는 믿음으로
오늘도 기다립니다
당신이 찾아오는 그 날을

어제를 이별하고 오늘을 만나면서
떠난 자리 이곳에 와서 생각합니다
이별과 만남은
꽃진 자리 다시 피는 꽃과 같은 것이라고

사랑을 하려면
이별과 기다림을 함께 담을 수 있는
빈 항아리 하나 가슴에 묻어야 한다고

해바라기

당신은 늘 멀리 있지만
나는 한자리에 서서 당신을 바라봅니다
가도 가도 갈 수 없어 이 자리에 서서
좁힐 수 없는 당신과 나의 거리를
오늘도 뜨거운 그리움으로 채웁니다

물을 찾아 떠도는 상처 입은 짐승처럼
그냥 바라보기만 해야 하는 허기진 갈증
당신과 나와 거리를 서성이며 떠돌았던
그리움의 발자국은 까만 통증으로 알알이 박혀
가슴 깊이 익어갑니다

이제 가을이 오면 모두 버리고 들녘을 떠납니다
당신이 내게 올 수 없는 것을 알면서도
그대를 향한 것은 한 해를 살고 가는 내 가슴에
그대를 향한 지울 수 없는 기억이 있기 때문입니다

낙엽과 함께 떠나가지만 당신을 향한 그리움
빈 들녘에 두고 갑니다

길을 나서면

길을 나서면 언제나
내 마음속 뜨거운 길은
너에게로 향해있었다
아니라고 돌아서도 걷고 있는 발걸음은
항상 너에게였다

세상의 바닷속 깊은 곳에
실핏줄처럼 흐르는 갯고랑 길은
번민과 고독의 파도 속에서도
쉬지 않고 흐르고 있어

이제는 잊어야 한다고
악을 쓰고 소리 질러도
빠져나간 썰물이 밀물 되어 다시 찾아오듯이
수많은 길 끝에 서 있는 너의 모습

오늘도 길 위에 서서
보이는 것만 길이 아님을 알기에
먼데 산을 바라보고 걷고 있다

돌에 핀 매화

한라산 백록담 붉은 울음 토했던 곳
따개비처럼 바위에 붙어 생명을 키워야 하는
극지가 고향인 돌매화는
흙 한 줌 없는 바위틈에 뿌리내리고

천지가 얼음 옷으로 환한 밤
칼바람 불어오면 오체투지 불경을 외고
바위를 껴안고 서로 손잡고 등이 되면서
낮은 자세로 상처 난 밤을 살아낸다

손가락 세 마디보다 키가 작아도
당당한 나무는
살을 에는 고통과 고독의 밤이 지나면
발아래 춤추는 운무를 보면서
간밤 통증을 염주에 끼운다

추운 겨울 껴안고 초여름이 오면
상처 입어 바위 등 같은 잎과 줄기 사이
붉은 꽃대 밀어 올려 순백의 꽃을 피운다
하늘 향해 하얗게 웃는다

달빛 소리

가만히 들어 보세요
고고히 흐르는 달빛 소리
당신은 들으셨나요

달무리가 있는 날

당신을 기다리는 이 마음
달맞이꽃 가슴에
일렁이는 은빛 잔물결
그 소리 들으셨는지요

달뜨는 소리
달지는 소리
당신을 찾아가는 소리
당신을 기다리는 달맞이꽃
꽃 피는 소리 들으 셨나요

묵정밭에 불고 간 바람

어느 날 불고 간 바람 한 점
바람이 두고 간 새 한 마리가
아무도 찾지 않던 묵정밭에 둥지를 틀고
조용하던 심전(心田)이 소란스러워졌다

잡초만 우거진 묵정밭에 새 소리가 나면서
밭둑에 핀 개망초도 뭔 일인가 기웃거리고
돌처럼 굳어가던 묵정밭이 생기가 돌았는데

한 줄기 불고 간 바람
바람이 두고 간 새는 날갯짓을 하는데
바람은 다시 오지 않고
발자국 소리 사라진 적막 속에

개망초에 들켜 버린 기다림은 커가고
오지 않은 바람을
오지 않는 봄을 손짓하고 있다

보이는 것만 길이 아니다

너에게로 가는 내 마음속 뜨거운 길
보이는 것만 길이 아니다
보이는 것만이 사랑이 아니다

세상의 바닷속 깊은 곳에
실핏줄처럼 흐르는
너를 향한 갯고랑은 길도 있고

구만리 먼 하늘을 날아가는
기러기의 구슬픈 하늘길도 있고

뿌리로 돌아가는 낙엽의 쓸쓸한 길도
모두가
흔적 없는 길이기에

그대여
보이는 것만 길이 아니다
보이는 것만 사랑이 아니다

사랑이란

사랑이란
서로 다른 두 강이 합수목에 만나
바다를 향해 소리 내며 같이 흘러가는 것

사랑하는 일이란
각자의 우산을 쓴 사람들이 만나
하나의 우산을 버리고
한 우산을 쓰고 같이 걸어가는 일

사랑하는 모습은
자신의 색깔과 상대의 색깔을
혼합하여 하나의 색을 만들어내는 것

사랑하는 일이란
봄비가 땅에 스미듯
서로에게 스미는 것

소리 하나

달빛 향한 달맞이꽃
옷고름 푸는 고운 소리

마음속 임을 향해 달려가는 소리
달려오는 발자국 소리 하나

은하수에 투망 던지는 소리
댑싸리에 구름 쓸리는 소리*

사무친 그리움에 꽃송이째 떨어지는
동백꽃 지는 붉은 소리

왔던 길 돌아가는
가을 낙엽 지는 소리
소리 하나

* 반칠환의 『내게 가장 가까운 신, 당신』 중 인용

애련(哀戀)의 언덕

섭지코지 벼랑길
좁은 길 오른다

파도와 바람의 언덕
손잡고 달려오는 성난 파도는
천년 오르지 못할 언덕을 향해
하얗게 부서지며 울부짖는다
그래서 섭지는 늘 울고 있다

아스라이 손잡지 못한
너와 나의 만남
하얀 새떼처럼 달려와
부서지는 너의 손

달려와 손 내밀고 내밀며
스치고 만 언덕은 애련(哀戀)에 떨고
섭지의 손 잘리고
바람만 세차다

소나무 같은 사람

애타는 마음 달래줄 담배
한 대 그리울 때
그렇게 있어 줄
친구 하나 있었으면 좋겠다

다 떠나보내고 돌아서서 걷는
허허한 발걸음 옆에
그림자처럼 같이 걸어줄 그런
친구 하나 있었으면 좋겠다

아무도 오지 않는 적막한 산사에
연락도 없이 불쑥 찾아와
술 한 잔 권하는 그런
친구 하나 있었으면 좋겠다

오래도록 그 자리에 서서
추운 겨울을 지내도
항상 푸르른 소나무 같은
그런 친구 하나 있었으면 좋겠다

부부

찬 물결 비바람에
쓸리고 달그락거리면서
닮은 듯 다른
다른 듯 닮은 조약돌
흔들리며 함께한 세월의 흔적
누가 누구를 닮았는지
다른 듯 닮은

들꽃

오솔길을 걷다
이름 모른 들꽃을 발견한다

언젠가 본 것 같은 낯익은 들꽃
보고 또 보니
떠오르는 이름
당신,
당신이었다

봄날은 간다

사랑할 수 있을 때 사랑하라
꽃은 떨어지고
다시 피어나지만
그날의 꽃은
다시 피어나지 않는다

사랑할 수 있을 때 사랑하라
떠나가야 할 대합실에 앉아
헤어짐을 서러워해도
기차는 떠나야 한다

홍수로 범람한
개여울에 앉아
지난날을 그리워해도
징검다리는 간데없고
탁류 속에 시간은 흘러간다

시간은 기다려 주지 않고
꽃잎은 떨어지는데
새싹을 꽃피울 씨앗을
가슴에 묻고 있는 당신
지금 흙을 파고 씨앗을 묻어라

사랑할 수 있을 때 사랑하라
봄날은 간다

제3부

끝나지 않은 이별

세월이 흘러도
시간의 더께가 쌓여도
지워지지 않은 이름이 있습니다

모진 비바람 불어
꽃잎처럼 슬어졌지만
이 땅에 잠들어 이별을 고하지 않은
지지 않은 꽃이 있습니다

못다 부른 노래 지금도 절절한데
말 없는 무덤 위에 떨어지는
5월의 꽃잎을
차마 이별이라 말하지 말자

그대는 우리 곁을 떠났지만
이별은 또 하나의 슬픔의 원천이기에
보내지 못한 우리 가슴에
끝나지 않은 이별로 남아있습니다

그래도 꽃은 피어난다

꽃은 침묵 속에 피어난다
비어있어도 가득 찬 침묵의 한 공간에서
어둠을 헤치고 천둥소리로 피어난다

무서리가 내리고 광풍이 휩쓸고 가도
뜨거운 밤을 잊지 못하는 가슴마다
별이 뜨듯이 꽃을 기다리는 가슴마다

그리움이 쌓이고 쌓여 꽃씨 하나 만들고
그 자리에 서서 태어난 분노의 눈동자
이별한 그 자리에 함성으로 피어났다

목마른 가슴마다 꽃은 피어난다
아무리 세상이 잊는다 해도 별을 사랑하는
사람들 가슴에 詩가 찾아오듯이
꽃은
빈 허공을 찢고 살을 에는 아픔만큼
향기를 가지고 세상에 온다
기다리는 가슴에 핀다

동백꽃 지고 있다*

동박새도 사라진 중산간 지대

먹구름이 산허리를 감고 돌며 어두워지고 있다
격렬하게 번개가 치고 천둥이 울며
이윽고 앞산을 건너온 비바람이 세찬 기세로 퍼붓는다
비의 무게를 견디지 못한 푸서리가 몸서리친다

무자비한 산사태를 피해 안으로 안으로 숨어들어
헤어지지 말자 손잡고 꽃송이째 지는 꽃
타 죽은 소 울음보다 더 질긴 울음* 삼키고
가쁜 숨비소리*마저 삼키는
동백꽃 지고 있다

너무나 많은 죽음을 보아버린 붉은 눈
밤과 낮이 갈리는 경계에 피어
글썽이다 글썽이다 눈물 둑을 넘은
동백꽃 지고 있다

아직도 마르지 않은 눈물의 분화구
함묵의 시절 속울음 울었던 동백꽃
꽃 진 자리 그곳에
갯바람 맞으며 붉게 피어 있다

* 강요배 화백의 『동백꽃 지다』에서 인용
* 현기영 작가의 『순이 삼촌』에서 인용
* 숨비소리 : 잠수하던 해녀가 바다 위에 떠올라 참던 숨을 휘파람같이 내쉬는 소리

5월을 말하지 마라

5월을 말하지 마라
아직도 눈물 마르지 않았는데
과거처럼 말하지 마라

그날 스러진 꽃잎
산 자의 가슴에 아직 지지 않았는데
잊혀진 일처럼 말하지 마라

오월에 떠난 꽃잎들 부끄러운 내 가슴에
지금도 시리게 피어있는데
봄이 왔다 말하지 마라

5월을 함부로 말하지 마라
그날 꽃을 짓밟았던 광풍(狂風)은 지금도
눈물 한 방울 흘림 없이 같은 하늘 아래
고개를 쳐들고 피 묻은 입술로 웃고 있는데

5월을 함부로 말하지 마라
그날의 상처 아직도 시퍼렇게 남아
고통의 시간 멈추지 않았는데
5월을 함부로 말하지 마라

이 땅의 오월이여!
지지 않는 꽃 피어있는 곳
우리들의 오월은 당신이 밟고 있는
이 땅이 오월이다

그날의 기억

맑은 하늘에 갑자기 먹구름이 일기 시작했었다
예기치 않은 음습한 일식이 시작되면서
붉은 우박이 쏟아지고 기온은 영하권으로 곤두박질했다
광장의 분수대에선 품어내던 물줄기가 얼어붙어 하늘을 향해 거총하는 모습으로 물의 수평을 거부하고 있었다
어둠 속 순식간 빙판으로 변한 거리 곳곳은 우박을 피해 달아나던 사람들이 여기저기 미끄러지고 넘어진다
사람들은 웅성거리며 모여들었고
어둠을 밝히기 위해 하나둘 횃불을 들기 시작했다
그때마다 우박은 무차별 쏟아져 내렸고 충혈된 녹색 늑대 떼가 도로를 점령해 날뛰면서 날카로운 얼음에 살을 베여 여기저기 선혈이 낭자하고 일식을 빠져나오지 못한 태양은 차라리 어둠의 그림자였다
광장에는 우박을 피해 달아나던 사람들의 신발이 어지러이 얼음에 처박혀있고 화단에 심어놓은 장미꽃 위에도 무서리가 내려 붉은 꽃잎이 광풍에 휘날리고 있었다
그러나 얼음이 조금씩 깨지기 시작하면서 소리가 들리기 시작했다 모든 것을 결박해 버리는 얼음 밑

에서 조용하면서도 힘찬 물 흐르는 소리가 나기 시작했다
  소리는 소리를 부르고 노도처럼 도도히 흘렀다
  흐르는 물은 점점 붉어지고 우박은 쏟아지고 쏟아지고
  ....
  그날은 갔지만 만년설에 묻혀있는 아직도 보내지 못한
  5월 그날의 기억들은 우리들 가슴 속에 살아있다

무명천 할머니

한림읍 월령리 해변
달빛이 내려앉은 모래사장엔 철없는
물새들이 남기고 간 발자국이 어지럽고
선인장 군락지엔 찬 바람이 불고 있다

그날, 야만의 시절에
한 발의 총탄은 젊은 한 여인의 생을 송두리째
앗아가고, 턱을 잃은 그녀는 흰 무명천으로
상처를 가리고 살아가며 이름 대신
무명천 할머니로 살아갔다

그날 턱을 잃은 그녀의 말소리는
말소리가 아닌 애끊는 울음소리였고
무명천을 두른 그녀의 모습은 달무리 진
그믐달같이 눈물이 글썽이었다

자신의 아픔을 안으로 안으로 삭여야 했던
그녀는 악몽의 순간이 떠오를 때면
방문을 걸어 잠그고 공포의 순간을
온몸으로 떨었고

평생을 흰 무명천과 함께 살아오며
무명천이 얼굴이 되어버린 그녀의 일생은
세상의 고운 빛깔은 모두 사라지고
서럽고 한 많은 차디찬 흰색뿐이었다

오늘도
월령리 해변 잔물결은
그녀가 두고 간 이름을 호곡하고 있다

아스팔트 위에 달이 떴다

아스팔트 위에 달이 떴다
어제 내린 폭우로
도로 한곳에 책상보만 한 웅덩이에
빗물이 모여들어 불안한 달이 떴다

질주해 오는 자동차가
밟고 지날 때마다 비명을 지르며
빗물은 흩어지지만
다시 웅덩이에 모여 손잡고 출렁거리며
아픈 달을 맞는다

광풍처럼 질주하는 자동차들
자동차가 지나가고 나면 빗물은
또다시 웅덩이에 모여들어
함성을 지르며 달을 품는다

밟고 지날 때마다
빗물은 흩어졌다 다시 모여 뜨거워지고
밟고 지날 때마다 무등의 밤하늘에
다시 함께 얼싸안고 뜨거운 달이 되었다

철조망 안에도 꽃은 핀다

철조망 안에도 꽃은 핀다
저곳은 절망의 땅이라고 고개 저을 때
꽃은 철조망 사이로 꽃잎 내밀고
붉은 꽃으로 피어났다

그날, 무서리가 내리던 날
꽃은 파랗게 떨면서도
서로 손잡고 핏빛으로 피어났다

아무리 두 팔 벌려 막아서도
천둥 번개 내리쳐도
봄기운에 걸어오는 꽃의 발걸음
막을 자 누구인가

철조망 안에도 꽃은 핀다
5월이면 지금도 피고 있다

하나의 흔적을 찾아서

침묵하는 산은 말합니다
산은 스스로 메아리를 낳지 못한다고

인적 끊긴 험한 산길은 말합니다
길은 발걸음을 만나야 길이 된다고

우리는 하나였습니다
분단의 아픔 이전의 흔적을 찾아
사라져 가는 그 원형(原形)을 찾아
잎새에 이는 바람처럼
흐르는 강물처럼 묵묵히 걸어 온 사람들

아직도 강과 하늘은 하나인데
잎과 꽃이 만나지 못하는 이산의 아픔은
이제 끝내야 합니다
우리는 만나야 합니다

아무리 얼어붙은 겨울이라도
봄은 찾아오듯이 원형을 찾아가는
그대, 사람들아!
산에 올라 소리쳐 메아리를 부르라!
끊긴 길을 더 걸어라!
그리하면 잎과 꽃이 만나리니
비상하라! 다시 한번 비상하라
저만치 봄이 오고 있다

촛불을 밝혀다오

친구여! 촛불을 밝혀다오
너의 손에 꺼져있는
촛불을 밝혀다오

태초에 어둠과 빛은 하나였나니
어둠은 빛을 만나
밝혀야 할
빛의 또 다른 모습이라네

친구여, 촛불을 밝혀다오
어둠은 빛이 있어 어둠일 뿐
어둠은 빛을 부르고,
빛은 어둠을 만나
비로소
빛이 된다네

친구여, 촛불을 밝혀다오
제 몸을 태워 어둠을 밝히는
촛불은
기도하는 성녀의 입술보다
성스럽다네

친구여! 촛불을 밝혀다오
눈물은 흘려도
소리 내 울지 않는
그런 촛불 하나 밝혀다오

침묵의 소리

달빛 아래 모이라 했다
그리고
달빛에 비친 여성 여럿을
대창을 든 서북 청년들이 데려갔다

어두운 밤길을 맨발로
돌아온 그들은
어두운 허공만 응시할 뿐

동백꽃이 뚝뚝 떨어지는 소리뿐
겁에 질린 그들은
아무 말도 하지 않았다

江은 흐른다

江은 흐른다

흘러야 江이다
광화문에 핀 불꽃
뜨거운 분노의 함성
손잡고 흐르자 흘러야 江이다

얼어붙은 시린 발
함성으로 녹이고
어두운 진창 길 건너온 우리
가자! 손잡고

들불처럼 번지는 뜨거운 가슴
어둠 속에 빛나는 불꽃들이여!
언 강에 봄이 오듯이
새날이 오고 있다
불꽃 속에 먼동이 트고 있다

바람의 흔적

광풍이 휩쓸고 지나간 심전(心田)에는
상처뿐인 영혼이 울고 있다
떠나지 못한 마음 언저리에
왜 그리 어깨를 들썩이는 뒷모습들이 많은가
바람이 불어와 조용했던 심전을
흔들어 놓고 떠난 자리
문신처럼 새겨진 아픈 흔적들
그리고
바람에 날리는 낙엽 속에
걸어가는 외로운 사람들

제**4**부

슬픔은 날개로부터

밤하늘의 별을 보면서
누구나 자기 별 하나를 갖습니다
그리고 겨드랑이에는 날개가 돋지요

우리의 생은 유목민처럼 날개를 찾아 떠돌며
새가 되고 싶어 합니다

가랑잎 무게도 허락하지 않은
뼛속까지 비워야 하는 하늘길에서
높이 날수록, 더 높이 오를수록
조금씩 허물어지는 것을 알지 못하는 우리는

날개에 숨겨진 추락의 비밀을 잊은 채
우리의 슬픔은 날개로부터 오는 것을
애써 외면하고
자신의 하늘보다 더 높이 오르고 싶어 합니다

우리는 더 높은 하늘의 욕망에 빠져
이카로스의 추락을 잊어버렸습니다

깃털과 함께 사라져야 하는
새의 슬픔은 날개인 것을 알면서도

연(鳶)

새가 되고 싶은 사람들
하늘을 날고 싶은 사람들은
바람을 찾아 연(鳶)을 날린다
하늘에는 많은 연들이 날아오르고 있다

전깃줄에 걸리고 잔솔밭에 처박힌 연들
낚시꾼들이 즐기는 짜릿한 손맛에 취해
연줄의 한계를 잊고 연을 날리는 우리들
날며 추락하고 있다

하늘 높이 오르기 위해서는 연은
바람의 멱살을 잡고 맞짱 뜰 때
바람을 향에 맞설 때 팽팽한
연줄을 타고 높이 오른다

바람을 타고 하늘을 날고 있는 연은
바람 때문에 추락하는
연(鳶)의 생태적 모순을 안고
허공에 보이지 않은
상처를 내면서 하늘을 난다

자궁의 탯줄을 끊고
세상의 연(緣)줄을 달고 사는 우리들
오늘도 하늘로 오르는 연 들로
하늘은 항상 만원이다

날개 없는 새 1

새는
하늘을 버렸다
아니 빼앗기고 날개를 잃어버렸다
주인이 주는 먹이에 길들어
자유롭게 하늘 높이 날며 먹이를 사냥했던 야성이 사라졌다
하늘, 날개, 야성이 사라진 새의 우주는
손수건만 한 새장으로 축소되고 길들어진 이제는
새장 문이 열려있어도 탈출은 남의 일이라고 생각한다
새장을 들이박고 탈출을 시도했던 푸른 날개의 기억을 지우고
이제는 새장을 사랑하고 있다

흔들리는 퇴근길 버스가 오늘따라 만원이다
사장님으로부터 받은 성과급으로
사랑하는 가족들과 외식을 생각하며
차창 밖 잊었던 하늘을 쳐다본다

날개 없는 새 2

굶주림에 못 견뎌 가장 절박하고
처절하게 먹이에 길들여져
제 발로 새장에 걸어 들어간 새들은
가슴 깊은 곳에 각인되어 있는 자유를 하늘을
목이 터져라 불렀던 노래를 말들을
둔탁해진 부리로 쪼아내면서

새는 나는 법을 잊어버렸다

하늘로 날아간 강아지(犬)

줄에 묶인 강아지는
제 밥을 훔쳐 먹는 새를 보면서 생각했다
밥을 양보하고 자유롭게 하늘을 날아보자고
밥을 지키기 위해 짖었던 생각을 고쳐먹은 강아지는
마침내 새가 되어 하늘로 날아갔다

새는 죽었다

새는 죽었다
하늘을 날던 새는 줄에 매여있는
강아지 밥을 훔쳐 먹고
하늘을 망각하고 날개를 잃으면서
새는 죽었다

날아간 새는 다시 오지 않는다

나무는 가지에 앉았다 날아간 새를
잊지 않지만
새는 앉았던 가지를 기억하지 않는다

하늘 높이 날수록 새는 하늘밖에 없고
새는 앉았던 나무를 향해 날아오지만
단지 잠깐 쉬고 싶은 생각뿐
이 가지 저 가지 옮겨 앉으며
날아간 새는 다시 오지 아니했다

사랑과 그리움은 항상 엇갈리고
날아가는 새의 날갯짓 따라
나무의 슬픔은 허공에 걸려있고 지금도
새는 하늘을 날고 있다

유리 벽

하늘길 따라 날아가는 딱새들
기류를 타고 건너 숲을 향해 날아간다

숲으로 가는 길목에
허공에 걸린 투명한 유리 벽을 보지 못하고
숲을 향해 떼 지어 날아간다
허공의 벼랑 길을 날아간 딱새는
넘지 못할 유리 벽을 들이박고 추락했다

그곳에 감추어진 한 뼘도 못 되는
생과 사의 갈림길을 모른 채

투명한 유리 건너 푸른 하늘
흘러가는 구름만 실재하는 눈의 한계 상황

날아간다는 것
살아간다는 것
생의 길은 어쩌면 진실을 감춤으로써
평화스러운 유리 벽을 향해 날아가는 것

날개를 가진 것들의 슬픔은
살아가는 것들의 슬픔이기에

있어도 보이지 않는
보이지 않으면서 실재하는 유리 벽
유리 벽을 향해 날아가는 새들
그리고 사람들

향기로운 길

대숲 사이로 부는 바람처럼
떨어지는 낙엽처럼
그냥 가는 길
법정의 향기 배어있는 무소유 길을 걷는다

어느 날 마음이 심란스러워지면
송광사 무소유 길을 걸어보라
향기를 따라 걷다 보면
바람의 지팡이 하나 얻을 것이니

질주의 궤적

바람을 가르고 달려온 질주의 궤적
검은 산으로 누워있다

뜨겁게 달려온 도로에서 벗어나
장례식장 옆 타이어 수리점 야적장에
용도 폐기된 타이어 아직 식지 않은 욕망을 누이고
늦가을 비를 맞고 있다

야적장에 땅거미가 내리고 묘지처럼 적막해지자
두런두런 되새김 소리로 소란스럽다
어제 들어온 장례식장 타이어는 훌쩍거리고
금방 들어온 관용차량 타이어는 권세롭다

바람 불고 겨울이 오면 검은 궤적은 모두
흰 눈을 쓰고 설산이 될 것이다
각기 다른 길을 달려온 그들

약속도 없이

약속도 없이 왔던 사람
약속도 없이 송광사 불일암을 찾았다

임은 간 곳 없고
흰 고무신만 세월을 삭이고

생을 짊어지고 걸었던
무소유 길에 바람만 있더라

순천만 갈대

이른 봄 속살을 파고드는 차가운 소소리바람에
갈대는 으스스 떨면서 찾아온 봄을 만나지 못했다

여름 한낮에는 용산 전망대에서 불어오는 솔바람에
가슴 열고 구름도 희롱하다가

어느덧 날이 저물고
대대 포구에서 불어오는 소금기 먹은 갈바람에
흔들리다 쓰러져 울면서 울다가
바람이 지나간 흔적을 몸에 새기며

사는 것은 다 바람 부는 대로 흔들리는 것이라고
더욱더 깊게 뿌리내리며
언제나처럼
찾아온 새떼의 고단한 날개를 다독이고 있다

파도새

오늘도
새는 날고 있다
파도를 잡으려 파도새는 날고 있다
새는 언제부터 바람 속에 집을 짓고
파도를 잡으려 날았는지 모른다
확실한 것은 살아있다는 것과 날개가 있다는 것

파도와 한 몸이었던 파도새의 먼 기억
오늘도 하얗게 일어서는 파도 꽃을 잡으려
영원히 잠들지 않는 바다 위를 날고 있다

발톱과 부리로 추락하는 파도를 잡는 것은
어쩌면 처음부터 헛된 일인 줄 모른다
그러나 파도새는 눈을 뜨면 파도를 찾아 날고
부서지는 파도 조각을 주우러 시린 맨발로
수포(水泡)에 내려앉아 바다가 되고 만다

오늘도
바다는 바람을 안고 숨 가쁘게 뒹굴며 파도를 낳고
수포 속에 바다가 됐던 파도새는
또다시 바다 위를 날고 있다

시작과 끝이 보이지 않는 시간은
생멸하는 파도와 파도새의 비린 죽음을 안고
바람을, 폭풍을 부르고 있다

폭풍 속에 집을 짓는 새

평소 날개가 너무 커 도움닫기를 해야만
기류를 타고 날아오를 수 있는 앨버트로스

바닷가 깎아지른 절벽에
위태롭게 발을 모은 앨버트로스는
둥지를 뒤로하고 기다리고 있다
폭풍을 기다리고 있다
모두 하늘을 포기하고 깃을 접고 있는
폭풍 속 빈 하늘을

폭풍 속으로 날개를 펼쳤다
절벽을 뛰어내린 뒤 두 발을 뛰고 있는
가슴에 모으고 팽팽한 기류를 탄다
큰 날개와 뚱뚱한 몸무게 때문에 시속 60킬로 이상의
비행을 해야 추락하지 않는 새는
무풍지대는 그의 무덤이다

알을 깨고 나온 순간부터 추락의 형벌을 날개에 짊어진
그들은 항상 콧구멍을 통해 바람을 계측하고
폭풍 속 길을 찾아 고독하게 바다 위를 떠돈다
허공 속에 살아가고 있다

그들은 둥지를 버리고
바다 위를 떠돌며 허공 속에서 비로소 새가 된다
폭풍 속에 집을 지으며

허들링(Huddling)

태양이 뜨지 않는 얼음 대륙
세상 끝, 남극 영하 50도
혹한을 피해 모두 떠난 극지의 땅에

천지를 휘몰아치는 눈 폭풍이 불어오고
기온이 떨어지면

직립 보행 하는 황제펭귄은
군집 소에 모여
고행하는 수도승처럼 검정 외투를 입고
치열한 생명 춤을 춘다

움직이는 것과 원(圓)은 생명의 근원이기에
원을 향해 안으로 웅크린 채 서로의 몸을 밀착시키고
돈다 춤을 춘다 필사의 춤을 춘다

무질서한 질서 속에
가장 추운 무리의 바깥쪽이 서서히 안으로 들어가는
안과 밖이 바뀌는 생과 사의 묵언의 춤을 추면서

수컷은 떨어뜨리면 천길 죽음의 나락으로 떨어질
부화시킬 새끼 알을 발등에 올려놓고 먹지도 못하고
온몸으로 품으며

도둑갈매기의 피 묻은 부리를 피해
갓 태어난 새끼에게 자신의 몸속 깊은 곳에
저장한 펭귄 밀크를 토해 먹이며 천적들이 있는 바다로
먹이를 구하러 떠난 암컷을 기다린다

태양이 뜨지 않는 얼음 대륙
극지의 땅에 지금도 가장 추운 곳에서 가장 뜨거운
생명이 춤을 추고 있다 자신의 몸을 줄이면서

산사의 풍경(風磬)도 조용한데

산사의 풍경도 조용한데
들려오는 저 소리
가진 것 없어 흰 고무신 한 켤레 두고 간
법정의 기침 소리일까
서성이는 바람의 소리일까

심란한 마음속 어지러운 내 발자국 소리일까

제5부

무명 집

이름 없어 자유로운 집
이름이 없으니 이름도 많은 집
순천에는 술꾼들이 자주 찾는 무명 집이 있다

이름이 없으니 오는 길손 술 한잔에
붙인 이름이 많은 집
손이 없어 바람만 부는 날엔
바람이 전하는 말이 문패가 된 집

달 밝은 밤이면 대청마루에 앉아
술상을 받으면 술잔에 달이 뜨고
비 오는 날엔 처마 끝에 떨어지는 낙수 소리와
술 따르는 소리가 어우러져
눈과 귀로 마시고 가슴으로 취하는 집

이름 없어 서러운 이여!
이름이 무에 그리 중한가
무명 집에 들러 술이나 한잔 들게나
빈 잔에 술 따르니
없는 것이 있는 것 아니겠는가

모데미풀
― 모데미꽃으로 불러 주세요

깊은 산 잔설 위에 삼사월이면
모데미풀은 치욕으로 꽃을 피운다

평생을 풀로 살아온 그는
꽃이 되고 싶어 울다가
바람이 일러준 골짜기 물가에 비친
자신의 모습을 보고
비로소 꽃인 것을 알았다
꽃이 풀로 살아온 모데미풀

내가 그의 이름을 불러주기 전에는
그는 다만
하나의 풀에 지나지 않았다
내가 그의 이름을 불러 주었을 때
그는 나에게로 와서
모데미꽃이 되었다

* 김춘수 꽃을 패러디함.
  모데미풀은 일제 강점기 시대 지리산 운봉마을 쪽 모데미 골에서 일본인 학자 오이 지사부로가 발견한 식물인데 모데미 골에서 발견했다하여 모데미풀이라 했다함. 모데미꽃으로 불러주기를 바라면서.

母情의 헛꽃

응달진 산기슭 잔설 위에
누렇게 말라있는 산수국*
봄은 왔지만 꽃 대궁을 떠나지 못한 헛꽃

엄마! 나 사람을 치었어! 죽은 것 같아
무서워서 뺑소니쳤어…
너는 아무 말 하지 말고 공부나 해

어미는 하얀 나비 같은 옷을 벗어
피 묻은 자동차를 닦으며
아들의 흔적을 지웠다

닦아도 지워도 멈춰버린
그날의 시간을 벗어나지 못한 아들은
붉은 기억의 늪 속에서 불귀의 길로 가고

아들의 무덤가
꽃 진 자리 차마 떠나지 못한 잿빛 나비
사위어가는 줄기 위에
찬바람에 가슴 치며 처연하게 떨고 있다

* 7~8월에 피는 산수국은 참꽃(유성화) 주위에 헛꽃(무성화)이 흰나비처럼 피어 참꽃의 수정을 돕고 자기 일을 마치고도 새봄이 와 새 꽃이 필 때까지 헛꽃 (假花)은 잿빛 나비 모습으로 겨울을 견딘다.

모닥불

아파트 건설 현장 외진 곳
함바식당도 불이 꺼지고
내일이면 설이라고 모두 떠난 후
고향으로 떠나지 못한 현장 노동자들이
하나둘 모여들어 언 땅에 모닥불을 피우고 있다

함박눈이 나풀거리며 노동자들의 머리 위에 하얗게
내려앉고 부나방처럼 불길에 뛰어내린다
모닥불은 어둠 속에서 냉기를 몰아내며
하나의 불꽃으로 하늘을 향해 타오르고

불길을 바라보는 얼굴들
모닥불에 둘러앉은 노동자들은 가슴 깊이
쌓인 사연이 많아도 고향 어딘가를
달려가고 있는지 모두가 말이 없다

떠나 온 곳이 고향이라면 그곳 역시 공사 현장인 그들
건설 현장을 찾아 떠도는 철새 같은 노동자들은
명절이나 고향은 눈물겨운 사치인 줄 모른다

먼동이 터오고 불이 꺼지면 어디론가 떠나야 한다
공사가 시작되는 그 날까지
하얀 여백의 시간들이 짐짝처럼 쌓여있다

나는 피우던 담배를 모닥불에 던져 넣으며 일어섰다
모닥불에 둘러앉은 사람 중에
머리까지 검정 머플러를 둘러쓴 함바식당 찬모
간혹 마주친 부평댁이 보인다
머플러에 붙은 눈을 털어주자
그녀는 아무 말 하지 않고
눈 덮인 가방을 들고 나의 손을 잡고 일어섰다

우리는 목적지도 없이 어두운 밤길을 걸었다
내 외투 속 호주머니에서 맞잡은
부평댁 손이 좀 거칠었지만 따뜻하다

서러웠던 섣달 그믐밤이 따뜻해졌다
천지에 눈이 내린다 자꾸 내리고 있었다

막걸리

호남평야 유일하게
지평선이 보이는 고부군 백산에서
사람 위에 사람 없고
사람 아래 사람 없다는 전봉준이
지평주(地平酒)로 마셨다는
막걸리 한잔!

가라앉아있는 술 몸을 새끼손가락으로
휘휘 저어 위에 놈과 아랫놈이
한 몸으로 껴안을 때
두 손으로 잔을 들고 갈증 난 입이
마중 가는 막걸리 한잔!

굽은 길도 환하게 열어주는 술
가라앉은 술 몸을 흔들어 뒤집어
새날을 만드는
들게나 막걸리 한잔!

타인들 관계

아무리 아니라고 부인해도
탯줄을 자르고 홀로 된 이후로
손을 잡고 있는 당신이 타인이라는
숙명을 어떻게 해야 할까

타인이라는 벽을 뛰어넘기 위해
사랑을 하고 집을 짓고 가족을 형성하지만
같이 할 수 없는 죽음 앞에 철저한 타인을
인식해야 하는 우리들

해가 지고 밤이 찾아오면 우리는 습관처럼
집을 찾아 들고 안식을 찾지만
들어갈 수도 나올 수도 없는
타인의 성곽 앞에 매번 홀로임을 확인해야 하는
생의 외로움

무풍지대에는 꽃이 피지 않는다

푸르른 소나무의 굽은 곡선에는
잘리고 휘어지는
상처의 아픔이 같이 있고

향기로운 꽃이 피기까지는
천둥과 비바람에 흔들리는
시련과 고통이 있어 향기롭고

일생을 살아가는 발자국마다
기쁨과 슬픔의 눈물이 녹아있고
격랑에 울음 있듯이

비바람과 역경이 없는 무풍지대에는
꽃이 피지 않는다

마당

계절이 지나가는 가을 하늘 아래
잃어버린 것
흘러가 버린 것들을 생각한다

여름밤이면 마당에 멍석을 깔고
보름달 같은 밥상에 둘러앉아 밥을 먹던
식구들이 있었던 마당
마당 한구석에는 모깃불이 피어오르고
밤하늘 별을 보면서 이야기 나누던 형제들

왁자지껄 온 동네 사람들이 마당에 모여 잔치를 벌이던
작은아버지 결혼식 날

마당 가 파란 가을 하늘 아래 감나무에 달린
서너 개 붉은 까치밥

눈 오는 겨울이면 첫 새벽 마당에 나가 첫눈에 발자국을
찍어보던 푸른 기억들

마당은 이제 기억 속으로 사라지고
마당과 함께 사라진 그 옛날 우리들
마당과 함께 있었던 일들이
그립다 보고 싶다

뜨거운 상처

어두운 밤
그녀는 환한 불빛으로 내게 왔다
천지에 꽃들이 모두 사라진 황량한 겨울
붉은 꽃으로 뜨겁게 내게 왔다

가슴 뜨겁던 어느 날
그녀는 꽃샘추위에 지는
꽃처럼 말없이 종적을 감췄다

사라진 그녀가
외로운 사람 유혹하여 가슴 물고
달아나는 꽃뱀이란다
길눈 먼 나에게 길이 되어준 그녀가

꽃뱀에 물린 상처 달이 차오르고
달빛에 허물을 벗은 꽃뱀은
아직도 나에겐 꽃이고 싶다
상처가 뜨겁다
아직도

담쟁이의 깊이 내린 뿌리

아무리 높은 절벽이라도
담쟁이는 그 높은 곳을 향해
푸른 손을 뻗는다

그곳은 가야 할 곳
담쟁이는 뒷걸음질하지 않고
바람 부는 절벽을 함성과 함께 오른다

푸르른 여름을 지나 가을이 오면
죽을힘을 다해 절벽을 움켜쥐고
겨울이 오면 흰 눈을 쓰고 설산이 된다

잎은 허공이나 깊게 내린 뿌리가 있는 한
담쟁이의 푸른 손은 멈출 줄 모른다

절벽을 오를수록
뿌리는 깊어지면서

기억 넘어 안개의 시간

배꽃이 흐드러지게 핀 4월 어느 날 낡은 의자에
앉아 속 빈 항아리처럼 입을 벌리고 먼 하늘을
쳐다보고 있는 그는 일생을 바쳐 배 농사를 지었던
그의 배밭에 처음 온 사람처럼 배꽃 향기를
뜻 없이 맡고 있다

안개, 지독한 안개가 그의 뇌리를 뒤덮고
순간순간 점멸하는 백열등 밑에 잠을 수 없는
검정 날파리만 잉잉대며 날고 있다

기억 넘어 안개의 시간
희망도 절망도 없는 안개 속에 마른 가지를
물어와 집을 짓던 까치가 보이지 않고 기억의
정원에 날아와 모이를 쪼던 새들은 모두
어디로 날아갔을까

안개는 유령처럼 너울대며 망막을 덮쳤다
보일 듯 말 듯 안개 속에 흔들리는 물체들
짙은 안개 속에 나무뿌리가 하늘 향해
물구나무서 있고 물고기는 새처럼 날아오르고
호수에 빠진 별들은 물고기처럼 헤엄을 치고 있다
날아갈 방향을 잃은 창끝은 시궁창에
처박혀있고 날개 잃은 새들은 그 위에 졸고 있다

앉았던 의자에서 일어선 그는 목에 걸린 자신의
이름표를 보고 빙긋 웃는다 마치 처음 본 사람처럼,
날이 어두워지고 가긴 가야 하는데 어디로 가야 할까
짐짝처럼 부려진 어둠 속에 풀이 죽어
다시 주저앉는다 안개 속에 잠긴다

종점

승객이 모두 내린 버스 종점
온종일 각자의 목적지를 향해
타고 내리는 승객들도 붐비던 시내버스가
시동이 꺼지고 불이 꺼지자
어둠 속 속 빈 벌레 껍질처럼 웅크리고 있다

사내는 목적지가 있어 버스를 탔던 것이 아니었다
먼 길을 떠난 아내를 생각하면서 겨울비가
추적추적 내리던 날 우산도 없이 길을 걷다
사람들이 그리워 승객 속에 잠시 끼어 보고 싶었던 것이었다

따뜻한 체온이 아직 남아있는 의자에는 앉았던 승객의 생의 부스러기가 떨어져 있다 만남과 이별, 이유 없는 만남과 조건 없는 헤어짐이 벌어지는 버스 안
누가 누구를 기억하기를 거부하는 타인들 옆자리 앉은 인연은 잠시 지나치는 창밖 풍경 같은 것 각기 다른 길을 가는 사람들이 타고 내렸던 버스 안

종점에서 내리지 못한 사내는 종점은 또 하나의 새로운 시작점이기에 첫차가 출발할 때까지 버스 안에서 내일을 맞기로 했다
어둠이 익숙해지면서 칼같은 냉기가 달려든다

달리던 버스 창가에 명멸하던 가로등과 상가의 불빛들은
　부나방처럼 모두 떨어지고 시동이 꺼진 버스 실내는
　심해처럼 깊게 잠기고 있다
　사람 냄새가 그리웠던 사내는 결국 철저하게 혼자가 되어
　어둠 속 깊이 잠기고 있다

실종된 현실

맨홀에 빠진 날 나는 실종됐고
어둠 속에 있다
지상에 남겼던 발자국 흔적도 없이 사라지고
내가 사라진 곳에서는 어제와 다름없는 평화로운 일상일 것이다
직립(直立)은 어둠 속에 사라졌고
어둠이 감추고 있는 출구를 찾아 들개처럼 네 발로 헤맨다

바람은 콘크리트 벽에 이끼처럼 붙어있고
오만한 콘크리트 벽은 추락도 허락하지 않는 절대 권력이다
똑똑 떨어지는 물방울 소리만이 나의 존재를 확인시켜줄 뿐
웅크린 어둠 속에 그림자를 잃었고
빛을 몰수한 어둠은 모든 것을 무화시켰다

스멀스멀 온몸에 기어오르는 벌레
아침도 저녁도 없는 컴컴한 심해
교회의 종소리도 개 짖는 소리도 들리지 않는 어둠 속
사람들은 나의 실종을 확정할 것이고 곧 잊어버릴 것이다
당신들의 발밑에 살아있는 나를 두고

실종된 현실은 망각의 늪에 빠지고
단절된 벽을 넘기 위해
세상을 향해 빛을 향해
쾅! 쾅! 쾅! 망각의 벽을 두드린다
살아있다고 나 여기 있다고

뿌리의 길

만덕산 자락 소나무 숲길을 오른다
소나무 숲길을 따라 걷다 보면
소나무 뿌리가 지상에 드러난
뿌리의 길을 만난다

무엇이 그리 보고 싶었을까
멀리 강진만을 바라보는 소나무
무엇이 그리도 그리웠을까
그리움에 가슴 사무쳐 지상에 오른
뿌리의 문장(文章)들

떠나지 못함을 알면서도 서리서리 쌓인
그리움에 길 나선 뿌리
걷지 못하면 기어서라도 가리라
차이고 밟혀 길이 된 뿌리

이제는
다산 초당을 오르는 사람들의
그리움의 길이 되어
밟히고 차일 때마다 그리움은 아픈 거라고
잊지 못할 얼굴 되새기며 흐느끼며 누워있다

풍경

풍경 1
어느 농촌 마을에 가을 추수를 끝낸 한 농부가
석양빛을 받으며 소달구지에 볏단을 싣고
소달구지에 타지 않은 채
자신의 지게에도 볏단을 가득 지고
소달구지와 같이 집을 향해 걸어가고 있다

풍경 2
파랗게 높은 가을 하늘 아래 가난한 어느 초가집 돌담 안쪽
감나무에 수확을 끝낸 나뭇가지에 아직 매달려 있는
까치밥 몇 개

풍경 3
농사일을 마친 가족들은 집 마당에 멍석을 깔고
늦은 저녁밥을 먹고 있다
소여물을 챙겨주고 아버지가 늦게 자리에 앉자
하늘에 떠 있는 보름달 같은 둥근 밥상에 둘러앉아
식구들은 오순도순 밥을 먹고 있다
마당 한구석에 모깃불이 피어오르고 밤하늘 별들이
빛나고 있는 저녁이다

달빛이 전하는 말

서울 행 밤 열차는 만원이었다
북새통 열차에 오르다 그만 새로 산
신발 반쪽을 잃어버렸다
달리는 열차에서 내릴 수도 없는 상황

어찌할 것인가 누구도 신을 수 없는 반쪽

나는 남은 반쪽 신발을 마저 벗어
잃어버린 신발이 있음 직한 곳을 향해 힘껏 던졌다
날아가는 신발 반쪽은 역사의 불빛을 받아
마치 짝을 찾아 날아가는 한 마리 새 같았다

달리는 열차 안에서
누구 한 사람 한 켤레 신발로 잘 신어주기를
바라면서 맨발을 내려다보는 나에게
그대는 반쪽을 버림으로써 잃지 않는
온전한 신발을 얻었다고
차창을 통해 보이는 초승달이 조용히 말을 걸어왔다

최후의 만찬

밀라노 산타 마리아 델레 그라치에 성당
다 빈치의 화실에는
미완의 최후의 만찬 벽화가 깊은 어둠에 싸여 있다
불안한 달빛은 출렁거리며
정지된 시간을 탈출한 맹수들이 질주하고 있다

빈자리, 예수의 열두 제자 중 마지막 그리지 못한
사악한 유다의 얼굴은 어둠 속 안개처럼 흔들리고
다 빈치는 지쳐있고 붓은 굳어있다

유다의 모델을 찾아 나선 다 빈치는
마침내 흉악범들이 수감된 지하 감옥에서 포악한
사형수를 모델로 유다의 얼굴을 완성했다

모델이 감옥으로 돌아가기 전
비웃는 얼굴로 다 빈치에게 말했다
그림 속 예수의 얼굴을 가리키며
6년 전 내가 저 예수의 모델이었소!

다 빈치는 두 눈을 감고 쓰러졌다
얼굴 속에 또 다른 얼굴이 있다니!
6년이란 세월이 사람을 그렇게
변화시킬 수 있다니!

창밖에 무성했던 잎을 떨군 겨울나무가
찬바람에 울고 있고 달빛을 받은 나무그림자가
검고 크게 창에 드리웠다

어둠 속 예수의 그림 뒷면 코이*를 뜯어 먹고 있는
충혈된 눈동자
빛과 어둠 사이 정지된 시간을 탈출한
예수의 얼굴 속에 유다가 웃고 있었다

* 코이 : 관상어 중에 코이라는 잉어가 있다. 코이는 작은 어항에 넣어
두면 5~8㎝밖에 자라지 않지만 커다란 수족관이나 연못에 넣어두
면 15~25㎝까지 자란다. 그리고 강물에 방류하면 90~120㎝까지
성장 한다고 한다.

상실의 모습

에버랜드 동물원 코끼리 코식이는
무리와 헤어진 슬픔과 외로움에
말을 배웠고

슬픔과 외로움에 말을 잃은
효사랑요양병원 고 노인(高 老人)은
오늘도 기다리고 있다

바람조차 미동 없는 병실 오후
창 너머 버스 정류장에
언제 올지 모르는 버스를 기다리며

비듬처럼 떨어지는 늙은 햇살을
쭈글쭈글한 손으로 되작거리고 있다
녹슨 말을 주워 담고 있다

30×30의 철제 캐비닛

영락원
사방 벽을 둘러서 있는 철제 캐비닛이 실내 공기를 더 무겁게 누르고 있었다 찾는 자가 없는 이곳은 무연고 사망자가 쉬는 곳
30×30 규격 철재 캐비닛 사망 번호 000호를 달고 죽어서도 흙으로
돌아가지 못하고 손바닥만 한 철재 속에서 생을 통곡하고 있는 곳

그들은 추운 겨울에도 죽음을 알려 자신의 시신 처리를 위해 문을 열어 놓고 잠을 잤던 사람들이었다
그들의 머리맡에는 항상 영정 사진이 있었고 세상에 와 마지막 가는 길을 사람답게 가기를 소원했던, 가장 힘없고 외롭게 살았던 사람들, 가족들마저 시신 인수를 거부한 버림받은 사람들이다

나는 그들의 명복을 비는 기도를 드리면서 더는 말을 이을 수가 없어 미안합니다, 미안합니다 라고 속 말을 외치면서 밖으로 나오고 말았다 미안합니다…

영구 임대 아파트의 아침

숨찬 어제 하루가 지나고
아침이 밝았지만
영구 임대 아파트 아침은 아직 아침이 아니다

밤이 무서운 사람들
언제 목숨 줄을 놓을지 모르는 독거노인들
홀로 사는 노인들이 많이 사는
이곳 영구 임대 아파트의 아침은
야쿠르트 아줌마가 깨운다

딩동! 딩동! 벨을 누르면 기다렸다는 듯
야쿠르트 아줌마 손을 잡는 저 손들
아직 살아있다는 힘든 몸짓으로
고여 있는 어두운 밤을 몰아낸다

200원짜리 야쿠르트로 생사가 확인되는 생
"야쿠르트는 내 생명줄이지"
"내가 죽으면… 슬퍼할 사람도 없어~"
"내가 죽어도 아무도 모를 걸…"

찾아오는 사람 없어 혼자가 무서운 사람들
밤이 무서워 밤을 낮으로 사는 노인들은
야쿠르트 아줌마의 따뜻한 온기로
또 하루를 견딘다

누가 그들의 하늘을 빼앗았는가
— 앨버트로스의 죽음

태평양 한가운데 있는 미드웨이섬에는
수백만 마리의 앨버트로스들이 모여 사는 그들의 천국이다
결코 땅에 발을 딛지 않는 고고한 떠돌이들이
언젠가부터 하늘을 버리고 죽어가고 있다

바다에 떠다니는 썩지 않는 부유물인 플라스틱 조각들을
먹이로 알고 먹은 그들은 하늘을 잃고 땅으로 내려와
하나둘 죽음을 맞이하고 있다

새끼에게 플라스틱 조각을 먹이는 어미의
사랑의 무지(無知)는 누가 만들어낸 슬픈 결과인가

평화롭게 기류를 타고 하늘을 날며 바다 위를
떠도는 그들에게 누가 그들의 날개를 빼앗았는가
악마의 음식을 던져준 그들은 누구인가

그들의 하늘을,
그들의 날개를 돌려줘야 한다

그들이 사라지면 우리 또한
사라질 것이다

장마

연일 장대비가 쏟아진다
어디를 봐도 물천지다

산사태가 일어난 산기슭에서 토사가 밀려 내려오고
붉은 황톳물이 무섭게 시가지를 덮친다
도로와 개울이 구분이 없고
빗물은 범람하여 낮은 곳으로 흐른다

비는 온 누리에 내리지만
낮은 곳으로, 반지하 셋방으로
비가 모여 머무른 곳은
저지대 낮은 곳 가난한 동네에 모인다

어두운 지하를 탈출하지 못한 힘없는 사람들
꽃은 어둠 속 뿌리로부터 허공에 피어나는데
반지하 단칸방에 불이 꺼지고
지상으로 오르는 계단마저 삼켜버린 흙탕물
지상으로 승진은 슬픈 꿈인가

천둥소리 귀 막으며 장대비 쏟아지는
잿빛 하늘을 노려보는 사람들
사람들

카나리아 노래

노랫소리가 작아지고 있다
노랫소리가 멀어지고 있다
지하 막장에서 무색무취한 유독가스로부터
광부를 지켜주던
카나리아 노랫소리가 사라져 가고 있다

오늘도 탄광 막장엔 카나리아는 보이지 않고
박제된 노래가 쉬지 않고 흘러나오고
광부는 살아있는 시간과 검은 석탄을 바꾸고 있다

어디로 갔을까
사라진 카나리아를 찾아 나선 사람들

거리 곳곳에
죽은 카나리아 사체들
건설 현장 곳곳에서 사라지는 생명의 소리들

어두운 막장까지 동행하는 살아있는
카나리아를 찾고 있다

찌그러진 분유통

진눈깨비가 몰아치는 섣달 어느 날 밤이었습니다
남편 없이 홀로 아이를 키우는 여인이 있었습니다
생활이 어려워 잘 먹지 못해 모유가 나오지 않자 젖 달라고 보채는 아이를 등에 업고 동네 모퉁이에 있는 구멍가게로 분유를 사러 갔습니다
분유 한 통을 주인아저씨에게 내밀자 16,000원이라고 합니다
가진 돈이 10,000원 밖에 없는 그녀가 힘없이 돌아서는데
주인아저씨는 아이 엄마가 안 보고 있다 싶어지자 분유통을 진열대에 올려놓고는 슬쩍 떨어뜨립니다
문을 막 나서려는 아이 엄마를 불러 세웠습니다
아이 엄마! 잠깐 만요! 찌그러진 분유는 반값입니다
…………
돌아선 그녀는 미안한 마음으로 애써 시선을 외면한 채 10,000원 내밀었습니다
아이 엄마가 내놓은 돈을 받은 주인아저씨는 찌그러진 분유통과 거스름돈 2,000원을 건네주었습니다
찌그러진 분유통을 안고 눈길을 걷는 아이 엄마는 내내 추운 줄 몰랐습니다

눈길에 난 발자국은 외롭지 않았습니다

* 시중에 떠도는 이야기를 가져왔습니다

풀잎

햇볕을 찾아 천신만고 끝에
큰 바위 밑을 빠져나온 풀잎은
상처 입은 지친 몸으로
울었던 눈물 흔적 지우며
말없이 하늘을 쳐다보고 있다

날이 어두워지고
비바람이 몰려오고 있다
가쁜 숨을 몰아쉬고 있는 풀잎은
쏟아지는 비바람을 맞으며
흔들리고 흔들리면서 손을 저어 보지만

먹구름 속에서 천둥이 울고
앞을 분간할 수 없는 사나운 소나기가
또다시 퍼붓기 시작한다
풀잎은 상처 입은
온몸으로 비를 맞고 또 맞고 있다

비가 그치고
풀잎은 빠져나왔던 차가운 바위에 기대어
젖은 몸을 말리면서 언제 떴는지
건넛산에 걸려있는 오색 무지개를 바라본다

부족한 글을 평설해주신
문학평론가 김우종 교수님의
2021년 은관문화훈장 서훈을
진심으로 축하드립니다.

― 서춘성

● 해설

그래도 펄럭이는 이카루스의 날개

김우종(문학평론가)

1. 아침의 조나단

서춘성 시인은 새벽부터 허둥지둥 젊음을 쏟던 공직에서 벗어나 인생 후반기에 시집을 내고 있다. 새들도 임이 그리워 둥지로 돌아오고 산사의 종소리가 들려오는 시간인데 시인은 그 소리를 날이 밝는 새벽 종소리로 듣고 있는 듯하다.

시집 첫 번째가 〈낙엽이 가는 길〉이고 〈나만의 작은 숲〉 다음에 〈낙화〉로 이어지니 퇴직 후 노년의 애수를 노래한 시집 같은데 사실은 아니다.

'낙엽'이란 말은 인상파 모네의 〈일출〉처럼 좀 혼란스럽다. 출렁이는 황금빛 바다 물결과 하늘은 아침 해돋이라는데 제목만 없다면 저녁 풍경으로 착각할 수도 있다. 저녁에도 하늘과 바다는 그렇게 황금빛으로 반짝이기 때문이다. 서춘성도 그렇게 아침처럼 반짝인다. 찬란한 아침에 높푸른 하늘을 바라보며 어제보다 더 멋진 비상을 다짐하는 갈매기 조나단(리처드 버크)처럼 새 인생의 출발선에서 활기차게 날개를 펼치는 모습이다.

첫 시집을 내는 그는 이미 기성시단에서도 소수자인 정상급 수준이다. 적어도 남들이 원로 평론가라고 불러주는 나의 자부심과 확신의 판단이 그렇다.

그는 다음과 같이 평가된다.

첫째, 문학은 언어예술이고 문인은 그 분야의 전문직이고 예술은 기술이므로 엘리트로서의 언어의 장인다운 우수성을 지녀야 한다. 서춘성은 이런 의미에서 뛰어난 언어의 장인이다.

둘째, 문인의 재능은 후천적 노력으로 더 세련되지만 천부적으로 처음부터 재능을 타고나야 한다. 그리고 이 세상 만물은 하늘이 준 저마다의 재능으로 서로 도우며 공생하도록 만든 조직이기 때문에 그를 필요로 하는 자리에서는 스스로 문인으로서 기여해야 한다. 즉 시인이 시로써 사회에 기여하는 것은 선택이 아니라 사명이다. 서춘성은 이런 의미에서 다수 문인 중 특출하게 사회와 역사에 대한 참여의식이 강한 시인이다.

셋째, 문인은 사상과 정서를 표현하는 사람이기 때문에 우선 사상가라야 한다. 그들은 기본적으로 사랑과 평화의 사상가여야 한다. 세상을 고문과 살육의 도살장으로 만드는 특정 집단의 광기(狂氣)에 맞서는 사상보다 중요하고 긴요한 것은 없기 때문이다. 서춘성의 시문학은 그런 의미의 '사상이 능금처럼'(윤동주「돌아와 보는 밤」1941년)잘 익은 열매다.

넷째, 가스통 바슐라르의 말처럼 예술의 미는 가슴을 울리는 감동이다. 그 감동은 얄팍한 재주가 아니라 양심이 창출해 낸다. 그리고 양심은 때때로 분노하고 때때로 울며 새처럼 즐겁게 노래한다. 그런 의미에서 서춘성은 건강한 주제에 면사포를 쓴 신부처럼 아름다운 옷을 입은 서정성이 짙다.

　다섯째, 그는 때때로 분노하고 즐겁게 노래도 하는 새로서 서정성이 짙지만 그 날개 때문에 올라가며 겪어 봤어야 했던 인간존재의 비극성을 너무도 잘 알고 있는 증인이며 실제로는 냉혹한 리얼리스트다.

　타고난 재주만으로 언어유희를 즐기는 시인들도 많지만 서춘성처럼 필수 조건들을 훌륭히 고루 갖춘 시인은 드물다.

2. 사랑과 구원의 메시지

　'사랑과 구원'사상은 서 시인의 문학의 핵심이다. 사랑과 구원은 교회나 사찰의 스님으로부터 자주 듣는 말이지만 표현의 방법만 다를 뿐 문학의 기능도 마찬가지다. 서춘성의 시는 그런 사랑과 구원의 메시지로 가슴의 울림이 큰 예술성을 지닌다. 모두 잘 먹고 잘 사는 세상인데 생뚱맞게 무슨 '사랑과 구원'이냐 할 수도 있지만 문인이 역사를 기억하고 현실을 외면하지 않고 그것이 주는 사명을 안다면 저마다 창법이 다르더라도 모두 사랑과 구원의 대합창에 참여해야 한다.

　인류사회는 휴전은 있어도 평화는 없다. 한반도의 휴전 70년은 핵무기와 미사일 개발 기간이고 미군 주둔비만 더 올라가는 시간이다. 이런 세상에서 문학의 첫째 사명은 생명과 평화의 사랑의 메시지가 되어야 한다. 그것이 '5월의 시'로 나타나고 있다.

　　모진 비바람 불어
　　꽃잎처럼 슬어졌지만
　　이 땅에 잠들어 이별을 고하지 않은

지지 않은 꽃이 있습니다

못다 부른 노래 지금도 절절한데
말 없는 무덤 위에 떨어지는
5월의 꽃잎을
차마 이별이라 말하지 말자

그대는 우리 곁을 떠났지만
이별은 또 하나의 슬픔의 원천이기에
보내지 못한 우리 가슴에
끝나지 않은 이별로 남아있습니다

—「끝나지 않은 이별」중에서

  여기서 "모진 비바람 불어/ 꽃잎처럼 슬어졌지만/ … 이별을 고하지 않은/ 지지 않은 꽃"은 5월의 민주광장에서 쓰러진 생명들이다.
  이것은 군부집단의 폭력을 기억하고 죽은 이들의 아픔을 영원히 새겨두자는 것이기 때문에 생명의 존엄성을 알리며 우리 가슴을 울린다. 그리고 그런 의미로 폭력에 맞서는 사회참여문학이 된다.
  이런 생명 사랑과 평화는 세계적 공통과제지만 특히 한국에서는 더 중요한 필수과제다. 우리가 했던 일제하의 친일문학은 학살선동문학이고 그 친일유산은 반민법이 박살나면서 그대로 이어지다가 지뢰처럼 위험하게 은폐되어 아직 남아 있다. 고문과 학살의 야만성은 때때로 문인도 공범자가 되고 있음을 의미한다. 서춘성의 5월의 시들은 생명 사랑과 평화의 메시지이며 이렇게 길 잃은 문단에 세워지는 바른 이정표다.

3. 서정시로서의 저항과 기억

그런데 이런 저항은 거칠고 쉰 목소리보다는 서춘성의 시는 애상적이고 부드러운 서정성이 짙다. '이별'에 대한 말이 많은 것도 그렇다.

이별은 마지막 마무리이며 기억을 지워버리는 절차이기에 죽은 자의 영혼을 슬프게 한다고 한다. 그러므로 '5월'은 결코 잊어서는 안 된다는 의미에서 '끝나지 않은 이별'이라 말하고 있다. 그리고 '끝나지 않음'은 죽은 자에 대한 것만이 아니라 폭력의 살인자들에 대한 기억이기에 역사적 심판이 된다.

일본 교토의 우지가와시 출렁다리 곁에 세워진 윤동주 시비에는 '기억'이란 말이 새겨져 있다. 후쿠오카에서 10년간 유지되던 윤동주시비건립위원회 취지문에도 '기억'이 있었다. 아베정권이 시비건립을 막은 이유도 '기억' 때문이다. 그것은 전쟁 재발을 막는 평화운동이 되기 때문이다. 서 시인은 5월의 시가 아니라도 자주 이 주제를 나타내고 있다. 「그날의 기억」은 광주 학살의 기억이지만 「낙엽이 가는 길」도 「낙화」, 「바람의 흔적」 등이 다 함께 인생 전체의 철학적 주제로 기억을 말하고 있다.

> 왜 그리 어깨를 들썩이는 뒷모습들이 많은가
> 바람이 불어와 조용했던 심전을
> 흔들어 놓고 떠난 자리
> 문신처럼 새겨진 아픈 흔적들
>
> ―「바람의 흔적」 중에서

여기서 '떠난 자리' '아픈 흔적들' 모두 잊지 못하는 기억들이며 그의 기억은 특히 5월을 비롯해서 여수 순천

제주도 등의 기억으로 이어지며 역사의 기억으로서 우리가 잊어서는 안 될 일들을 돌이켜 보며 사랑하는 영혼을 위로하고 잘못을 되새기고 참회하고 역사를 심판하는 의지를 저변에 깔고 있다.

 사방 벽을 둘러서 있는 철제 캐비닛이 실내 공기를 더 무겁게 누르고 있었다 찾는 자가 없는 이곳은 무연고 사망자가 쉬는 곳
 30×30 규격 철재 캐비닛 사망 번호 000호를 달고 죽어서도 흙으로
 돌아가지 못하고 손바닥만 한 철재 속에서 생을 통곡하고 있는 곳

       —「30×30의 철제 캐비닛」 중에서

 이것은 무연고 시신들의 모습이다. 찾아 올 사람도 없는 외로운 주검을 더 분명히 기억시키기 위해서 그는 관의 좌우 길이까지 실사하며 우리 가슴을 아프게 하고 있다. 파시트들의 폭력을 기억에서 지우지 말자는 것이고 그들과 아픔을 함께 하자고 양심을 일깨우는 작품이다.

4. 다시 일어서는 사람들
 기억을 위한 문학으로서 〈그날의 기억〉은 차마 직설법은 못 쓰고 우박이 쏟아지는 우회적 기법으로 말하다가도 다시 직설법의 산문이 되기도 한다.

 사람들은 웅성거리며 모여들었고
 어둠을 밝히기 위해 하나둘 횃불을 들기 시작했다
 그때마다 우박은 무차별 쏟아져 내렸고 충혈된 녹색 늑대 떼가 도로를 점령해 날뛰면서 날카로운 얼음에 살을

베여 여기저기 선혈이 낭자하고 일식을 빠져나오지 못한
    태양은 차라리 어둠의 그림자였다

                            —「그날의 기억」중에서

 장바구니를 든 아줌마들까지 피를 흘리며 쓰러지던
5.18 그날의 기억은 차마 그대로 되새기기 어렵다. 그래
서 총탄은 우박으로 그려져 있다.
 우박은 붉은 빛이 아니어서 섬뜩함이 감추어지는데
다른 시와 달리 직설법의 산문으로 바뀌며 전두환 공수
부대는 '늑대 떼'가 되고 있다.

     그러나 얼음이 조금씩 깨지기 시작하면서 소리가 들리
    기 시작했다 모든 것을 결박해 버리는 얼음 밑에서 조용
    하면서도 힘찬 물 흐르는 소리가 나기 시작했다
     소리는 소리를 부르고 노도처럼 도도히 흘렀다

                            —「그날의 기억」중에서

 서 시인은 비참한 죽음의 현장을 그리지만 눈물과 탄
식만의 문학은 아니다. 여기에는 학살자들에게 맞서며
일어나 부딪히는 민중의 저항이 있다. 우박은 얼음이니
까 녹으면 물이지만 '힘찬 물 흐르는 소리'의 물은 눈물
이면서도 '노도처럼 도도히 흘렀다' 했으니 다수가 모인
민중의 저항이다. 그러니까 그가 말하는 '5월의 광장'은
약자들의 억울한 눈물의 현장이면서도 파시즘 독재의
광란을 끝내려는 민주화운동의 성전(聖戰)이다.
 '5월'을 말하는 서 시인 작품들이 지닌 중요한 가치는
이것이다. 슬픈 역사를 말하되 그는 눈물의 시인이 아니
라 눈물을 닦고 과거에 반복해온 패배의 역사를 부정하

고 새 역사를 만드는 시인이다.

5. 끝나지 않는 인생

서춘성은 5월의 시인이지만 이것이 전부는 아니다. 그는 이를 포함해서 한반도 또는 온 세상 온 우주의 포괄적인 시점에서 인생을 논하는 시인이다. 그래서 5월의 저항시인이 아니라 전인생의 저항시인이 되고 있다.

그는 5월 민주광장에서 쓰러지는 사람들을 다시 일어서는 불굴의 저항으로 표현하고 있는데 이것은 그같은 역사적 사건에서만 하는 말이 아니다. 그것은 전 인생길을 어떻게 걸어가야 할 것인가 하는 인생철학적 질문에서 나오는 일관된 답이다.

'길 시리즈'라고 할 수 있는 작품들은 이를 잘 나타낸다.

> 길가에 주저앉아 실의에 빠져 울고 있는 그대여
> 일어나 어서 길을 떠나라
> 길은 기다려주지 않고 흘러만 간다
>
> 길은 걷는 자의 것
> 살아있는 것이 길이다
> 그대가 걸어가는 곳이 길이 된다
> 길은 언제나 오늘을 걷는 자의 것이다
>
> ―「길은 걷는 자의 것」 중에서

5월의 시는 역사를 말하는 문학이지만 작자는 이를 우리 인생 모든 것과 아울러 심화하고 광역화한 관점에서 인생은 무엇인가를 말하는 철학론이 되고 있다. 5월의 광장에서 쓰러진 영혼들이 다시 모이고 일어나듯이 그의 인생은 쓰러짐으로 끝난다는 개념이 없다. 죽어서도 일어나고 살아서도 물론 일어난다. 이것을 작자는 누구나 걸으면 그 자리가 길이라는 명제로 표현한다. 다시 말해서 인생에 길이 막힌다는 개념은 없다.

실제로 우리가 사는 세상에 끝나지 않는 길은 없다. 죽기 전에도 우리가 가는 길은 때때로 막힌 골목이고, 절벽도 있고 무기수 사형수의 감방문은 더 말할 것도 없는데 서춘성 시인은 이를 용납하지 않으며 역발상으로 기적을 만들겠다는 강력한 의지로 세상을 살아간다.

"길가에 주저앉아 실의에 빠져 울고 있는 그대여/ 일어나 서서 길을 떠나라"하는 것은 걷는 곳이 곧 길이며 길은 그렇게 만드는 자의 것이란 진리를 전하고 있다.

쑥스럽지만 나의 개인적인 경험으로도 이것에 공감한다. 휴전 후 북에 남은 국군포로는 약 5만 명이며 그들이 귀환하지 못한 것은 길이 없었기 때문이다. 그렇지만 극소수의 탈출자도 있다. 휴전 전에 내가 있던 천여명 부대에서 전쟁 중 탈출 귀환자는 나 하나 뿐인 것 같다. 이것은 철벽 안에 갇힌 상황에서 스스로 걸어서 길을 만든 자와 길이 없다고 단념한 사람의 차이다.

「길은 어긋나면서 생겨난다」는 최근 작도 그렇다. 세상에는 뻥 뚫린 길만이 아니라 어긋나서 잘못가는 길이 많다. 그렇지만 새 인생을 약속해 주는 길에는 뻥 뚫린 길은 없다. 도전으로 만들어내는 길만이 새로운 약속의 길이므로 길은 어긋나면서 생겨난다고 믿으며 도전해야 한다.

> 길은 어긋나면서 생겨난다
> 둥지를 떠나지 못한 새는 하늘을 날지 못하듯이
> 길에서 벗어나야 길이 보인다
>
> ―「길은 어긋나면서 생겨난다」 중에서

이처럼 서 시인이 말하는 인생길은 탐험가의 길이다. 길을 알고 떠나는 것이 아니라 떠나야 길이 보인다는 것은 위험을 감수하지 않으면 아무 것도 이루지 못할 것이라는 탐험인생론이다. 그리고 이것은 호기심이 아니라 끊임 없이 길을 잃어야 하는 한반도의 역사의 현장에서 그 자리가 십자가 갈림길이라 해도 결단을 내려야 한다는 인생 불패론이다.

> 세상의 바닷속 깊은 곳에
> 실핏줄처럼 흐르는 갯고랑 길은
> 번민과 고독의 파도 속에서도
> 쉬지 않고 흐르고 있어
>
> 이제는 잊어야 한다고
> 악을 쓰고 소리 질러도
> 빠져나간 썰물이 밀물 되어 다시 찾아오듯이
> 수많은 길 끝에 서 있는 너의 모습
>
> ―「길을 나서면」 중에서

작자는 길 잃은 자들을 이렇게 격려한다.
그리고 "바람이 흐르는 그 어느 곳이든지/ 소리쳐 메아리가 있는 곳이라면/ 그 어느 곳에도 길은 있는 것이다" 라고 말하며 길 잃은 우리에게 용기를 준다.
이것은 모두 불패 불굴의 긍정적 인생론이다.
현실을 얕잡아 보고 미화하는 낭만주의 같지만 현실은 끊임없이 극복해야만 될 난파선의 길이란 것도 부정하지 않는다.

바다는 항상 수평선만 보여 주었다
다가가면 그만큼 멀어져 있는 수평선

— 「난파선」 중에서

　멀리 바다 끝은 수평선이다. 그러므로 격랑으로 난파선이 되면 구조선이 와야 되고 아니면 수평선으로 가야 한다. 수평선은 일직선이며 90도로 일으켜 세우면 평평한 평면이 된다. 파도가 없는 평면이니 수평선이 곧 구조선이 된다. 그렇지만 멀리서 볼 때와 달리 수평선에 가면 수평선은 사라지고 파도가 출렁거린다. 우리의 역사적 현실이 그렇다. 현실은 항상 출렁이는 파도이며 우리는 난파선을 타고 있다고 말한다. 5월의 야만성 잔혹성을 생각하는 시인으로서는 불패 불복의 의지를 말하지만 태초 이후의 전체적 근원적 인간 실존을 묻는 자리에서 서춘성이 말하는 인간 운명은 그렇게 만만치 않다.

6. 날개 잃은 새

　그는 인간 존재를 새에 비유한다.
　새는 날개가 있다. 다음 시에서처럼 "밤 하늘의 별을 보면서/ 누구나 자기 별 하나를" 갖게 되면 겨드랑에는 날개가 돋아난다고 한다. 그런데 이 시 제목처럼 '슬픔은 날개로부터'가 되니 인간은 슬픈 새다. "날개에 숨겨진 추락의 비밀을 잊은 채" 날아 오르면 그는 이카루스처럼 추락하는 슬픈 새다.
　서춘성의 이것은 평설자인 내게도 해당되는 것 같다.
　내가 수필 「그 겨울의 날개」에서 말한 날개는 땅바닥을 기는 천한 생명체로서의 벌레가 감옥의 죄수처럼 고치의 어둠 속에 갇혀 있다가 날개를 달고 높이 날다가 죽은 나비의 이야기이고, 유신독재정권하에서 투옥되고 모든 것을 잃었던 나의 자화상이다.

> 밤하늘의 별을 보면서
> 누구나 자기 별 하나를 갖습니다
> 그리고 겨드랑이에는 날개가 돋지요
>
> 우리의 생은 유목민처럼 날개를 찾아 떠돌며
> 새가 되고 싶어 합니다
>
> 가랑잎 무게도 허락하지 않은
> 뼛속까지 비워야 하는 하늘길에서
> 높이 날수록, 더 높이 오를수록
> 조금씩 허물어지는 것을 알지 못하는 우리는
>
> 날개에 숨겨진 추락의 비밀을 잊은 채
> 우리의 슬픔은 날개로부터 오는 것을
> (하략)
>
> ―「슬픔은 날개로부터」 중에서

인간은 누구나 더 높은 곳을 지향하는 목적적 존재이며 그것이 악이 아니라 선이라 해도 더 높이 올라갈수록 더 참혹하게 추락한다는 비밀을 모르니 날개 있는 인간은 슬픈 운명일 수밖에 없다.

사람은 그런 비밀을 더 많이 모르도록 길들여지는 새와 같다. 한반도의 남과 북만이 아니라 이 세상의 모든 정치적 권력은 기만적 선전 선동으로 약자를 길들이고 지배한다. 날개를 스스로 잃게 하고 '새장문이 열렸어도 탈출은 남의 일이라고 생각'하게 만든다.(「날개 없는 새 1」에서)

굶주림에 못 견뎌 가장 절박하고
처절하게 먹이에 길들여져
제 발로 새장에 걸어 들어간 새들은
가슴 깊은 곳에 각인되어 있는 자유를 하늘을
목이 터져라 불렀던 노래를 말들을
둔탁해진 부리로 쪼아내면서

새는 나는 법을 잊어버렸다

—「날개 없는 새 2」 전문

  날개가 있어도 나는 법을 잊은 새는 〈분재된 소나무〉에 비유되기도 한다. 철사가 마음대로 모양을 죽이고 모양을 만들어 '서러운 불구의 귀향을 꿈꾼다'는 소나무는 소수의 강자들의 폭력에 의해서 길들여지고 날개를 잃은 비참한 인간상이다.
  이런 의미에서 서춘성은 유럽에서 말한 고독한 존재로서의 실존철학보다 훨씬 비극적인 근원적 인간존재의 실체를 밝히고 폭력을 고발하는 리얼리스트다.

7. 석양 빛 숲속 우듬지의 날갯짓

  우리는 누구나 끊임없이 일어나고 도전해도 흙으로 돌아가야 할 날이 있다. 그날 우리가 남기게 되는 영정사진은 어떤 모습일까? 서 시인은 그린 자화상을 이렇게 그리고 있다.

이제 가야 한다
푸르던 시절 함께했던
파란 하늘 아름다운 새소리
가지에 걸어 두고
숲속의 향기만 가지고 가려 한다

나는 가야 한다
허공 길 걸어
마지막
한 줄기 바람과 노닐다가

뿌리에서 태어나 한 번도 만난 적 없는
나의 나에게
어둠 속 멀리 있는 뿌리에 가려 한다

오면 가야 하는
누구나 가야 하는 낙엽의 길을
서산에 지는 석양처럼
살아온 길 부끄러워 붉은 얼굴로 나는 진다
떨어진다

—「낙엽이 가는 길」 전문

 '푸르던 시절'은 청춘인데 이것은 직장시절도 되지만 그 후의 서춘성 인생은 전체가 눈부신 청춘처럼 힘차다. 항상 일어서고 항상 걷고 달리니까 흐린 날 없이 '푸르던 시절'이며 그것은 5월의 저항만이 아니라 이 세상에 대한 애정이 넘치고 이를 탁월한 언어의 기교로 감동적으로 전하기 때문에 더 힘이 난다. 그리고 이것을 회화적 이미지로 바꾸면 낙엽이 된다.

푸르던 시절 함께했던
파란 하늘 아름다운 새소리
가지에 걸어 두고
숲속의 향기만 가지고 가려 한다

—「낙엽이 가는 길」 중에서

이 그림의 배경은 석양이다. 밀레의 〈만종〉 같은 아름다운 석양빛의 자화상이다.
작자는 사랑의 정열을 쏟으며 가꾸던 세상을 버리고 떠날 때 사랑의 미련을 나무 가지에 걸어두고 향기만 조금 가져가겠다는 겸양의 미덕을 보인다.
"서산에 지는 석양처럼/ 살아온 길 부끄러워 붉은 얼굴로 나는 진다"는 고백이 그렇다.
그는 이 인생을 「낙엽이 가는 길」에서 이렇게 아름다운 그림으로 표현하고 있다.
석양빛과 낙엽의 붉은 빛이 그렇고 언어예술로서의 수사학적 기법과 주제가 탁월한 상상력과 심미적 감각으로 명편 제작을 성공시키고 있다.
무엇보다도 그 그림 속 석양빛의 새를 통해서 말해주는 인생론 세계관이 감동적이다. 그것은 너무도 근원적인 비극적 인간 존재의 실상을 알리는 것이지만 이를 알면서도 이 세상을 사랑하기에 힘찬 날개짓을 멈추지 않는 모습이 아름답다.
비록 인간은 날개 때문에 슬플 수밖에 없는 존재라 말하지만 그는 온갖 잡목들과 함께 우거진 숲속에서 다른 어떤 나무보다 높은 우듬지에서 날기 위한 날개짓을 멈추지 않는 큰 새로서 한국문단의 윗자리를 빛내고 있다.(2021년 상도동에서)

문학세계대표작가선 953

슬픔은 날개로부터

서춘성 시집

인쇄 1판 1쇄 2021년 10월 27일
발행 1판 1쇄 2021년 11월 3일

지 은 이 : 서춘성
펴 낸 이 : 김천우
펴 낸 곳 : 도서출판 천우
등   록 : 1992. 2. 15. 제1-1307호
주   소 : 서울시 성동구 무학봉28길 6 금용빌딩 2F
전   화 : 02)2298-7661
팩   스 : 02)2298-7665
http://moonhak.wla.or.kr
E-mail : chunwo@hanmail.net

ⓒ 서춘성, 2021.

값 13,000원

＊이 책은 한국예술인복지재단으로부터 창작지원금을 지원받아 제작하였습니다.

＊도서출판 천우와 저자의 서면 동의 없는 무단 전재 및 복제를 금합니다.
＊저자와의 협의에 따라 인지는 생략합니다.

ISBN 978-89-7954-850-1